\ かわいい！たのしい！ /

まるっと シアターあそび
BOOK

自由現代社

JN070428

かわいい！たのしい！
まるっと シアターあそび BOOK

CONTENTS

スケッチブックで シアターあそび

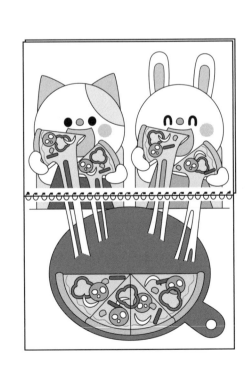

ペープサート

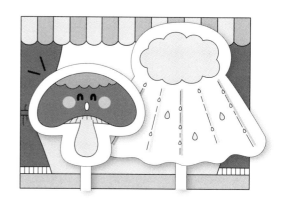

パネルシアター

本書の特長

　本書は、「シアターあそび」というテーマで、「スケッチブック」「ペープサート」「パネルシアター」というまったく違う3つの素材や手法を使って、さまざまな世界が繰り広げられる画期的な内容を紹介しています。いずれも＜歌＞＜名作＞＜生活＞＜クイズ＞という4つのカテゴリーで、バリエーション豊富な内容を盛り込んでいます。

　スケッチブックを使ったシアターあそびでは、ページの一部をめくることでイラストが変化したり、見開き（上下や左右2ページ）を使用することで、アッと驚くようなダイナミックな展開になっています。またペープサートでは、裏と表で表情が変わったり、しかけのあるペープサートで、場面が変化したりします。そしてパネルシアターでは、重ねて貼って場面を変化させたり、絵人形をしかけのポケットに入れて動かしたりと、パネルシアターならではの手法でステージを楽しみます。さらに、すべての内容について、かわいらしいイラストの型紙がついており、拡大コピーしてすぐに使えるようになっています。

　「スケッチブック」「ペープサート」「パネルシアター」の各特長を生かしたしかけや工夫をふんだんに盛り込み、子どもたちがそれぞれの世界に夢中になれるような多様なシアターあそびを、保育現場でぜひお役立てください。

誌面構成について

「スケッチブックでシアターあそび」

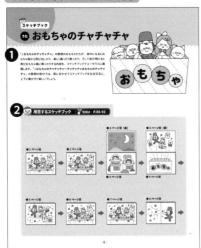

「ペープサート」

「パネルシアター」

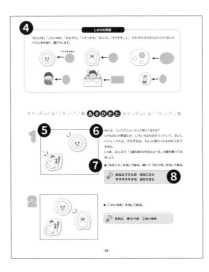

❶ 各シアターの特長や、演じる際のポイントを説明しています。

❷ 用意するスケッチブックのイラスト場面を順番に紹介しています。なお、各シアターで使用する型紙は、P.88 以降にございます。

❸ ペープサートやパネルシアターを演じる際に必要なものを紹介しています。

❹ パネルシアターでは、しかけのある絵人形について、各しかけの準備として作りかたを説明しています。

❺ 各シアターあそびの展開内容を、動きごとにイラストでわかりやすく示しています。

❻ 保育者の子どもに対する言葉がけやセリフの具体例を記載しています。

❼ ▶で始まる文章は、各シアターの具体的な動かしかたなどを解説しています。

❽ 歌の部分を示しています。

スケッチブックでシアターあそび

スケッチブックを使って展開するシアターあそびです。スケッチブックをめくるたびに、場面が変わり、物語が進みます。また、ページの一部をめくることでイラストが変化したり、見開き（上下2ページ）で使うことで、アッと驚くようなダイナミックな展開が楽しめます。

スケッチブックのシアターの作りかた

 用意するもの

・B4、またはA4サイズのスケッチブック
・型紙のコピー
・カラーペン、またはポスターカラーなど
・のり　・はさみ

① 型紙をB4、またはA4サイズのスケッチブックの大きさに合わせて拡大コピーします（目安としてB4は310％程度、A4は250％程度）。

② カラーペン、またはポスターカラーなどで、①に色をぬります。

③ 乾いたら、スケッチブックにぴったり貼ります。
なお、裏のページに貼る場合などは、「用意するスケッチブック」の項目をご覧いただき、向きに注意して貼ってください。

①

②

③

※切り離し線があるものは、型紙を貼った後に
------ を切り離します。

うた おもちゃのチャチャチャ

「♪おもちゃのチャチャチャ」の歌詞のおもちゃたちが、夜中になるとおもちゃ箱から飛び出したり、楽しく踊ったり歌ったり、そして夜が明けると再びおもちゃ箱に帰ったりする内容を、スケッチブックでユーモラスに展開します。歌詞の「♪おもちゃのチャチャチャ〜チャチャチャおもちゃのチャチャチャ」の部分では、歌に合わせてスケッチブックを左右交互に、上下に動かすと楽しいでしょう。

用意するスケッチブック ✂ 型紙は P.88-92

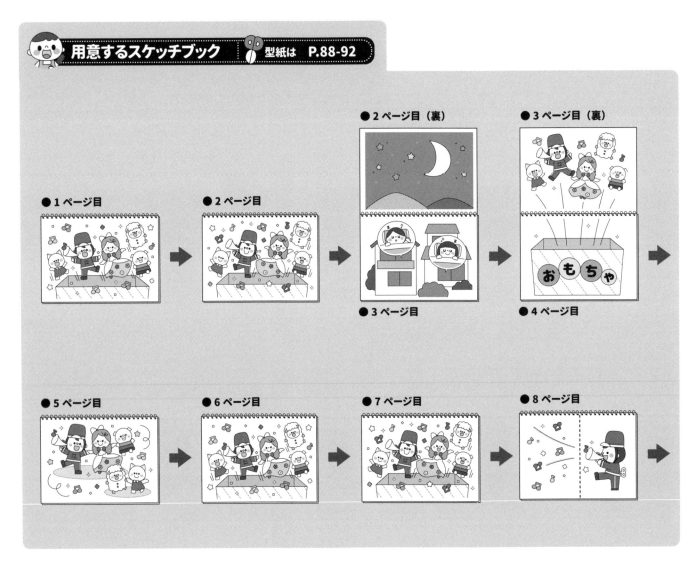

● 1 ページ目
● 2 ページ目
● 2 ページ目（裏）
● 3 ページ目
● 3 ページ目（裏）
● 4 ページ目

● 5 ページ目
● 6 ページ目
● 7 ページ目
● 8 ページ目

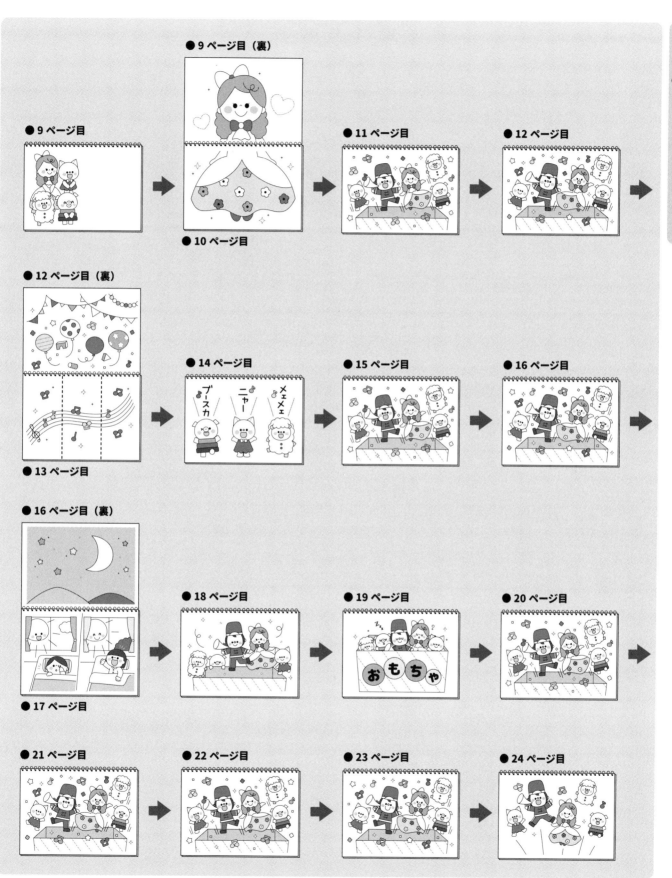

みんな、「♪おもちゃのチャチャチャ」の歌を知っているかな？
夜中になると、おもちゃたちがおもちゃ箱を飛び出して、みんなで歌ったり踊ったりするんだって。
じゃあ、みんなで歌ってみましょう。

▶ スケッチブックの1ページ目を見せる。

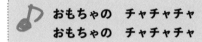

> ♪ おもちゃの　チャチャチャ
> 　　おもちゃの　チャチャチャ

▶ 2ページ目を開く。

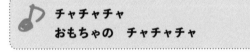

> ♪ チャチャチャ
> 　　おもちゃの　チャチャチャ

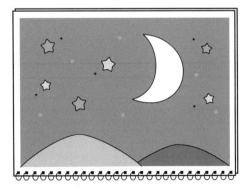

▶ 2ページ目の裏を開く。

> ♪ そらに　キラキラ　おほしさま

▶ 2ページ目の裏を開いたまま、3ページ目を見せる。

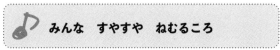

🎵 みんな すやすや ねむるころ

スケッチブック

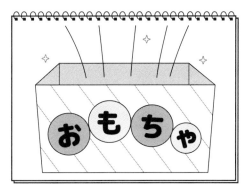

▶ 4ページ目を開く。

🎵 おもちゃは はこを ♪♪

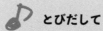

▶ 4ページ目を開いたまま、3ページ目の裏を見せる。

♪ とびだして

▶ 5ページ目を開く。

♪ おどる　おもちゃの
　チャチャチャ

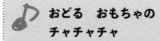

▶ 6ページ目を開く。

♪ おもちゃの　チャチャチャ
　おもちゃの　チャチャチャ

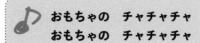

▶ 7ページ目を開く。

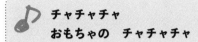
♪ チャチャチャ
おもちゃの　チャチャチャ

▶ 8ページ目を開く。

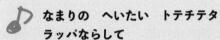
♪ なまりの　へいたい　トテチテタ
ラッパならして

▶ 左側をめくり、9ページ目の左側を開く。

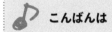
♪ こんばんは

▶ 9ページ目の裏を開く。

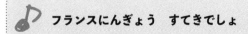
♪ フランスにんぎょう　すてきでしょ

▶ 9ページ目の裏を開いたまま、10ページ目を見せる。

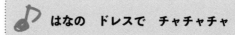

🎵 はなの　ドレスで　チャチャチャ

かわいい〜〜！

▶ 11ページ目を開く。

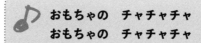

🎵 おもちゃの　チャチャチャ
　　おもちゃの　チャチャチャ

▶ 12ページ目を開く。

🎵 チャチャチャ
　　おもちゃの　チャチャチャ

▶ 12ページ目の裏を開く。

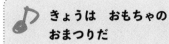
🎵 きょうは　おもちゃの
おまつりだ

スケッチブック

▶ 12ページ目の裏を開いたまま、13ページ目を見せる。

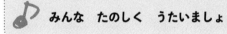
🎵 みんな　たのしく　うたいましょ

▶ 12ページ目の裏を閉じ、13ページ目の右側をめくり、
14ページ目の右側を開く。

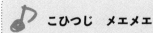
🎵 こひつじ　メエメエ

 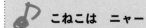

▶ 真ん中をめくり、14ページ目の真ん中を開く。

♪ こねこは　ニャー

  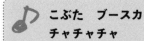

▶ 左側をめくり、14ページ目の左側を開く。

♪ こぶた　ブースカ
チャチャチャ

▶ 15 ページ目を開く。

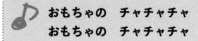
♪ おもちゃの　チャチャチャ
おもちゃの　チャチャチャ

▶ 16 ページ目を開く。

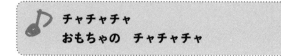
♪ チャチャチャ
おもちゃの　チャチャチャ

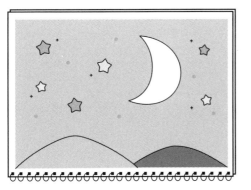

▶ 16 ページ目の裏を開く。

🎵 そらに　さよなら　おほしさま

スケッチブック

▶ 16 ページ目の裏を開いたまま、17 ページ目を見せる。

🎵 まどに　おひさま　こんにちは

▶ 18 ページ目を開く。

🎵 おもちゃは　かえる
　　おもちゃばこ

26

▶ 19 ページ目を開く。

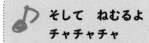 そして　ねむるよ
チャチャチャ

27

▶ 20 ページ目を開く。

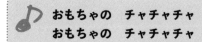 おもちゃの　チャチャチャ
おもちゃの　チャチャチャ

28

▶ 21 ページ目を開く。

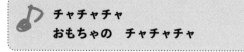 チャチャチャ
おもちゃの　チャチャチャ

29

▶ 22 ページ目を開く。

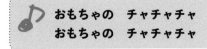 おもちゃの　チャチャチャ
おもちゃの　チャチャチャ

▶ 23 ページ目を開く。

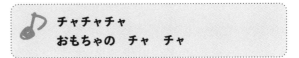
♪ チャチャチャ
　 おもちゃの　チャ　チャ

▶ 24 ページ目を開く。

♪ チャ

みんなのおうちのおもちゃたちも、もしかしたら夜中におもちゃ箱を飛び出して、歌ったり踊ったりしてあそんでいるかもしれないね。そんなことがあったら、おもしろいね！

おもちゃのチャチャチャ

作詞：野坂昭如／補詞：吉岡 治／作曲：越部信義

おもちゃのチャチャチャ　おもちゃのチャチャチャ　チャチャチャおもちゃの　チャ　チャ　チャ

※楽譜、次ページに続く→

名作 十二支のはじまり

干支の十二支のはじまりを伝える中国のお話です。神殿が描かれ
たページの左側をめくると、神様が現れるしかけになっています。
うしはのんびりとした口調、ねずみは少し高めの早口の口調、神
様は低めの口調など、それぞれ登場人物の声色を変えて演じると
おもしろいでしょう。

用意するスケッチブック　型紙は　P.93-96

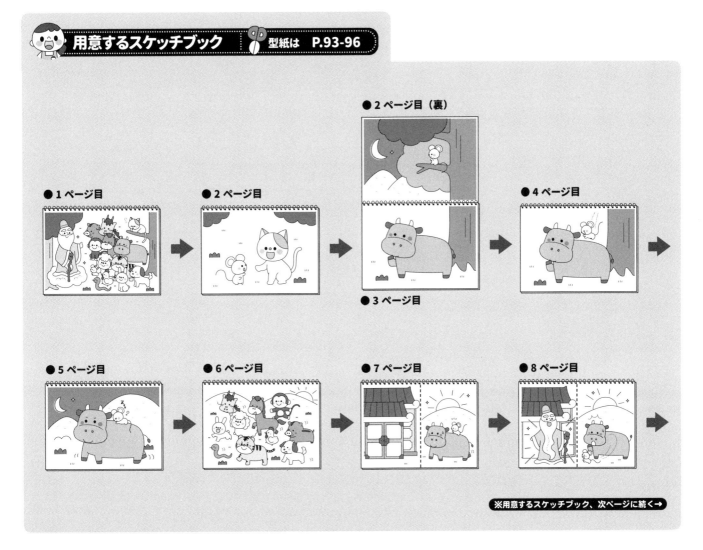

● 1 ページ目

● 2 ページ目

● 2 ページ目（裏）

● 3 ページ目

● 4 ページ目

● 5 ページ目

● 6 ページ目

● 7 ページ目

● 8 ページ目

※用意するスケッチブック、次ページに続く→

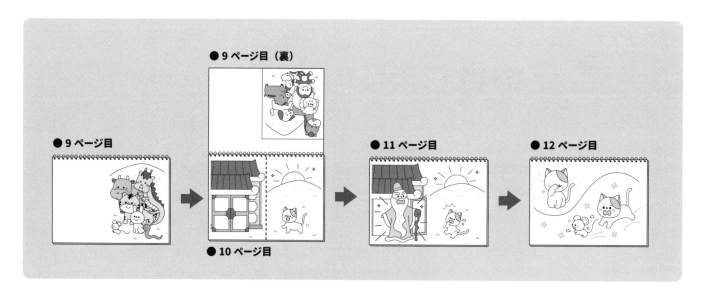

●9ページ目（裏）

●9ページ目

●10ページ目

●11ページ目

●12ページ目

9ページ目（裏）のしかけの作りかた

① 型紙を拡大コピーして、画用紙またはスケッチブックを切り離したものに貼ります。

② 山折り線を折り、のりしろ部分にのりをつけて、スケッチブックの9ページ目裏の右端にそろえるように貼ります。

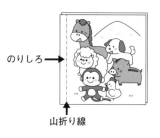

のりしろ →

山折り線

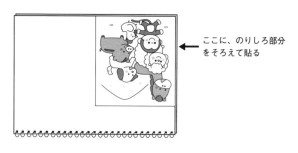

← ここに、のりしろ部分をそろえて貼る

あそびかた

▶ スケッチブックの1ページ目を見せる。

「みんな、よく聞いてくれ。
1月1日の朝、私の神殿にあいさつに来なさい。
これから新しく迎える年に、いちばん早く来た者から順番に12番目の者まで、1年間ずつ、その年の大将として、きみたち動物の名前をつけることにする。
それじゃあ、待っておるぞ。」

動物たちは、みんな真剣に神様の話を聞いていました。そして、自分がいちばんになりたいと思いました。ところが、ねこだけは、木の上でうとうとしていて、よく聞いていませんでした。

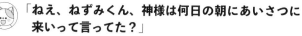

▶ 2ページ目を開く。

神様がいなくなり、ねこが目を覚ますと、ねずみに聞きました。

「**ねえ、ねずみくん、神様は何日の朝にあいさつに 来いって言ってた？**」

「**えっ、聞いていなかったの？ 1月2日だよ。 1月1日はみんなおうちでゆっくりするものだから、 1月2日に来いって言ってたよ。**」

「**そうか、わかった。ありがとう！**」

ねずみはねこに、わざと違う日にちを教えました。

▶ 2ページ目の裏を開く。

大晦日の晩のことです。ねずみは木の上で考えていました。

「**ぼくは他の動物たちより小さいから、一生懸命 走っても、いちばんになるのは難しいだろうなあ。 何かいい方法はないかなあ・・・。**」

▶ 2ページ目の裏を開いたまま、3ページ目を見せる。

木の下では、うしが出かける準備をしていました。

「**ぼくは足が遅いから、早めに出発して、 神様のところにいちばんに着けるようにしよう。**」

それを見ていたねずみがつぶやきました。

「**あっ、いいことを思いついた！**」

▶ 4ページ目を開く。

すると、ねずみはスーッとうしの背中に飛び乗りました。

 「このまま、うしさんに神様の神殿まで
連れて行ってもらおう。」

▶ 5ページ目を開く。

そして、うしは神様のいる神殿に向かって出発しました。
ねずみはちゃっかりうしの背中に乗ったまま、すやすや眠って
しまいました。

▶ 6ページ目を開く。

1月1日の朝になると、他の動物たちも我先にと、神殿に向かっ
て急ぎました。他の動物というのは、へび、うさぎ、たつ、ひつじ、
とら、うま、とり、さる、いぬ、いのししです。

▶ 7ページ目を開く。

前の晩から出発したうしは、いちばんに神殿に着きました。

「やったー！ ぼくがいちばんだ！」

▶ 右側をめくり、8ページ目の右側を開く。

ところがそのとき、ねずみがうしの背中からサッと飛び降りました。

「**神様、あけましておめでとうございます！**」

「**あれっ、ねずみさん、どこにいたの⁉ やられた〜！**」

▶ 左側をめくり、8ページ目の左側を開く。

すると、神殿の扉が開いて、神様が現れました。

「**いちばんにあいさつに来たのはねずみか。 じゃあ、いちばんはねずみ年にしよう。**」

「**神様、あけましておめでとうございます！**」

「**うしが2番じゃ。**」

▶ 右側をめくり、9ページ目の右側を開く。

他の動物たちも、ぞくぞくと神殿にやって来ました。
とら、うさぎ、たつ、へびが順番に到着して、神様にあいさつを
しました。

▶ 9ページ目の裏のしかけを開く。

続いて、うま、ひつじ、さる、とり、いぬ、
いのししが順番に到着して、神様にあいさつ
をしました。
そして、これが年を表す12の動物、つまり
十二支となりました。

スケッチブック

13

▶ 9ページ目の裏のしかけをたたみ、10ページ目を開く。

そして、1月2日のことです。神殿にねこがやって来ました。

「やったー！ ぼくがいちばんだ！
神様、あけましておめでとうございます！」

14

▶ 左側をめくり、11ページ目の左側を開く。

すると、神殿の扉が開いて、神様が現れました。

「ぼくがいちばんですね！」

「何を寝ぼけておる。
年の大将を決めるのは、昨日終わった。
顔でも洗って、目を覚ましてこい！」

15

▶ 右側をめくり、11ページ目の右側を開く。

「えっ、昨日!?
あっ、ねずみくんにだまされたんだ！
やられた〜！」

16

▶ 12ページ目を開く。

ねこが十二支に入っていないのは、そういう理由からなんですね。
それからというもの、ねこはしょっちゅう顔を洗うようになったそう
です。そして、ねずみを追いかけるようになったのも、そのとき
からなんだそうですよ。
お・し・まい。

生活 おいしいもの いただきま～す！

動物たちが、ラーメンやピザ、恵方巻などをおいしそうに食べます。スケッチブックを見開き（上下2ページ）で使い、ラーメンの麺やピザのチーズがグーンと伸びたり、長い恵方巻が強調されたりと、スケッチブックならではの楽しい展開です。子どもたちに食や食材への興味を持たせることができ、食育にもつながります。「いただきます！」「ごちそうさまでした！」は、ぜひ子どもたちみんなで一緒に言いましょう。

 用意するスケッチブック 型紙は　P.96-102

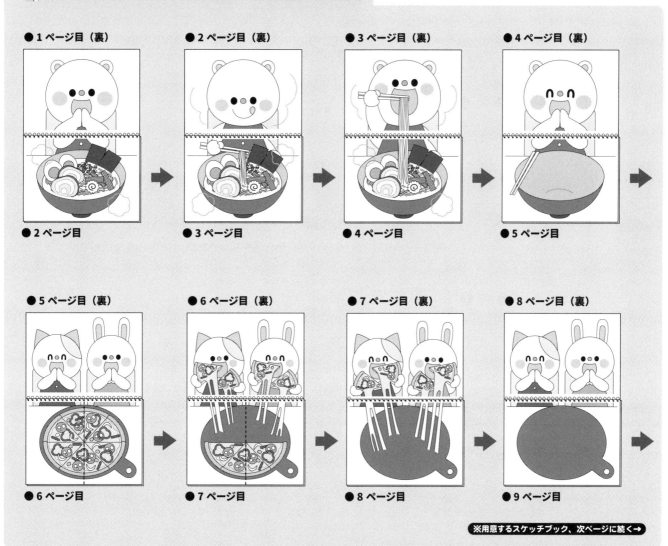

※用意するスケッチブック、次ページに続く→

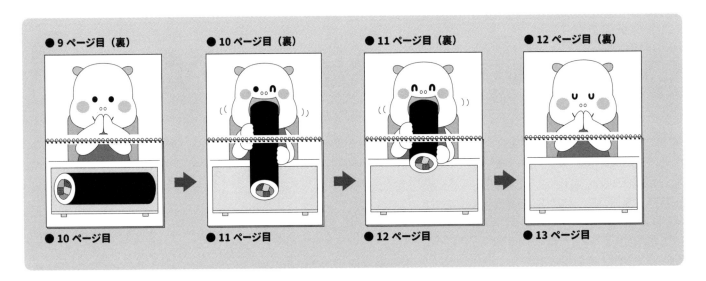

● 9ページ目（裏）　● 10ページ目（裏）　● 11ページ目（裏）　● 12ページ目（裏）

● 10ページ目　● 11ページ目　● 12ページ目　● 13ページ目

あそびかた

1

▶ スケッチブックの1ページ目の裏を見せる。

クマさんは、今からおいしいものを食べるんだって。
クマさんの大好物みたいですよ。
何だろうね？

2

▶ 1ページ目の裏を開いたまま、2ページ目を見せる。

ジャーン！ あっ、ラーメンだね。
クマさんの大好物はラーメンでした。

おいしそうなラーメンだね。卵やチャーシュー、メンマ、それに、
なるとやねぎものりも入っているね。
醤油ラーメンかな？　みんなもラーメンは好きかな？

▶ 子どもたちの反応を受けて、

じゃあ、みんなで一緒に「いただきます！」と言ってみようか。
せ～の！ 「いただきます！」

▶ 2ページ目の裏と3ページ目を開く。

おはしで麺をすくって・・・。

▶ 3ページ目の裏と4ページ目を開く。

麺をグーンと持ち上げて、麺をお口に運んで、
ズルズルすすって・・・。

「**モグモグモグ・・・。**」

麺が上まで長く伸びたね。

▶ 3ページ目を戻し、2ページ目の裏と3ページ目を開く。

また、おはしで麺をすくって・・・。

▶ 3ページ目をめくり、3ページ目の裏と4ページ目を開く。

また麺がグーンと伸びて、お口に運んで、
ズルズルすすって・・・。

「**モグモグモグ・・・。**」

そうして、クマさんは麺を何度もすくってお口に運んで、おい
しそうに大好物のラーメンを食べました。

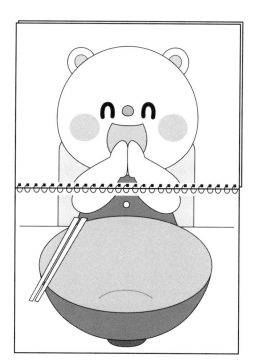

▶ 4ページ目をめくり、4ページ目の裏と5ページ目を開く。

そして、きれいに平らげました。

「**あ〜、おいしかった！ ごちそうさまでした！**」

みんなも一緒に「ごちそうさま・・・」言ってみようか。
「ごちそうさまでした！」

▶ 5ページ目の裏を開く。

今度はネコさんとウサギさんがおいしいものを食べるみたい
ですよ。
ネコさんとウサギさんの大好物なんだって。
何だろうね？

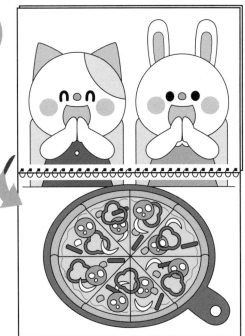

▶ 5ページ目の裏を開いたまま、6ページ目を見せる。

ジャーン! ネコさんとウサギさんの大好物はピザなんだって。

ピザもおいしそうだね。みんなもピザは好きかな?
ネコさんとウサギさんは、仲よくピザを半分っこするみたい
ですよ。

じゃあ、またみんなで「いただきます!」って言ってみようか。
せ〜の! 「いただきます!」

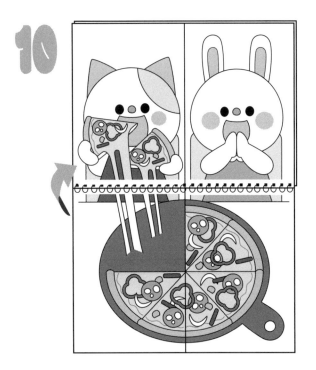

▶ 5ページ目の裏の右側と6ページ目の右側を開いたまま、
　6ページ目の裏の左側と7ページ目の左側を開く。

あらあら、ネコさんは「いただきます」をするなり、
両手にピザを取って食べようとしていますね。
ピザのチーズがグーンと伸びていますよ。

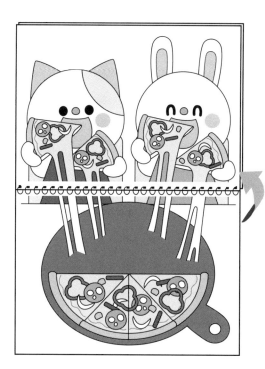

▶6ページ目の裏の左側と7ページ目の左側を開いたまま、
　6ページ目の裏の右側と7ページ目の右側を開く。

あっ、ウサギさんも両手にピザを取って食べ始めましたね。
また、ピザのチーズがグーンと伸びていますよ。
おいしそうだね。

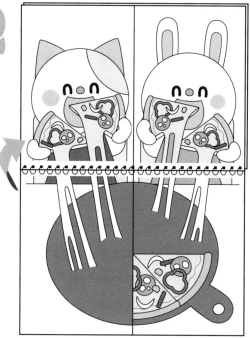

▶6ページ目の裏の右側と7ページ目の右側を開いたまま、
　7ページ目の裏の左側と8ページ目の左側を開く。

おやおや、ネコさんはピザを2切れ食べ終わって、
残りの2切れをまた両手に取って食べようとしていますね。

「**モグモグモグ・・・。**」

13

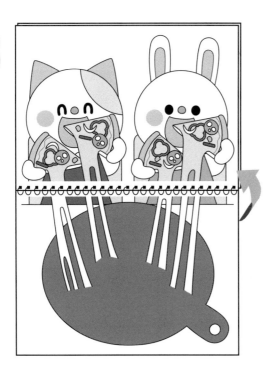

▶ 7ページ目の裏の左側と8ページ目の左側を開いたまま、
　7ページ目の裏の右側と8ページ目の右側を開く。

あっ、ウサギさんも2切れ食べ終わって、
残りの2切れを両手に取って食べ始めましたね。

「**モグモグモグ・・・。**」

14

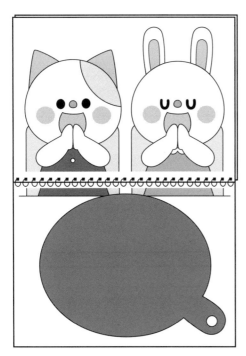

▶ 8ページ目をめくり、8ページ目の裏と9ページ目を開く。

そして、二人ともペロリと食べました。

「**あ～、おいしかった！　ごちそうさまでした！**」

じゃあ、またみんなで一緒に「ごちそうさま・・・」を言って
みようか。
「ごちそうさまでした！」

15

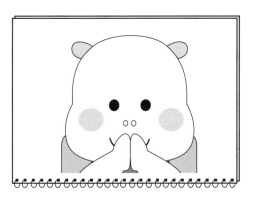

▶ 9ページ目の裏を開く。

今度はカバさんがおいしいものを食べるみたいですよ。
カバさんの大好物なんだって。何だろうね?

16

▶ 9ページ目の裏を開いたまま、10ページ目を見せる。

ジャーン! カバさんはのり巻きが大好物なんだって。
今日は節分の恵方巻を食べるんですって。
ずいぶん太くて長い恵方巻ですね。
おいしそうだね〜。

じゃあ、またみんなで「いただきます!」って言ってみようか。
せ〜の! 「いただきます!」

スケッチブック

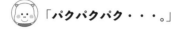 10ページ目をめくり、10ページ目の裏と11ページ目を開く。

恵方巻を両手で持って、大きな口で・・・。

「**パクパクパク・・・。**」

恵方巻を縦にすると、長〜いね！

▶ 11ページ目をめくり、11ページ目の裏と12ページ目を開く。

カバさん、どんどん食べて、恵方巻が少しずつ短くなっていくよ。

「**パクパクパク・・・。**」

▶ 12ページ目をめくり、12ページ目の裏と13ページ目を開く。

そして、大きな恵方巻をきれいに平らげました。

「あ〜、おいしかった！　ごちそうさまでした！」

じゃあ、またみんなも一緒に「ごちそうさま・・・」を言って
みようか。
「ごちそうさまでした！」

ラーメンにピザに恵方巻、どれもと〜ってもおいしそうだったね。

ごちそうさまでした！

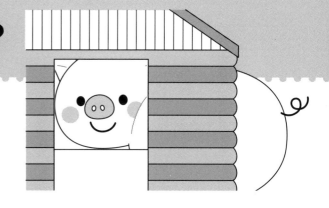

クイズ だれのおうちかな?

家の中にいるのは誰かをあてます。ページの一部をめくると家からはみ出したしっぽが見えたり、窓を開けると、家の中にいる動物の顔が見えます。それらをヒントに、誰の家かをあてます。家に隠れているのは、イヌ、ニワトリ、ワニ、ブタ、ウマです。「誰のおうちかな?」「隠れているのは、誰かな?」などと盛り上げながらしかけや窓を開いくと、子どもたちの期待感が高まって、楽しいでしょう。

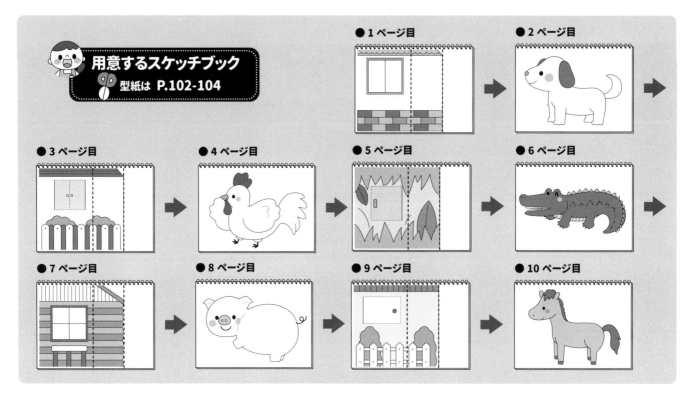

用意するスケッチブック
型紙は P.102-104

● 1 ページ目
● 2 ページ目
● 3 ページ目
● 4 ページ目
● 5 ページ目
● 6 ページ目
● 7 ページ目
● 8 ページ目
● 9 ページ目
● 10 ページ目

あそびかた

1

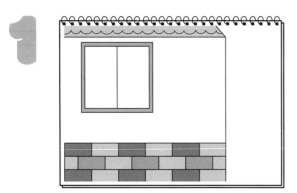

▶ スケッチブックの1ページ目を見せる。

ここは誰かのおうちだよ。誰のおうちだと思う?
みんながよく知っている動物だよ。誰かな?

2

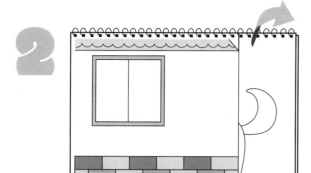

▶ いちばん右側をめくり、2ページ目のいちばん右側を開く。

おやおや、おうちからしっぽが見えたよ。
誰かな？　ピンと上を向いたしっぽだね。

3

▶ 窓のしかけを開く。

ちょっと窓を開けてみましょう。
少し顔が見えたね。誰の顔かな？

4

▶ 窓のしかけを閉じ、真ん中の右側をめくり、2ページ目の
　真ん中の右側を開く。

誰だか、わかったかな？

5

▶ 子どもたちの反応を受け、左側をめくり、
　2ページ目の左側を開く。

あったり～！　イヌさんでしたね。
イヌさんのおうちだったんだね。

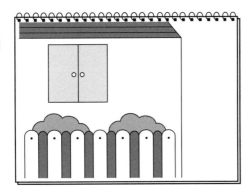

▶ 3 ページ目を開く。

じゃあ、今度は誰のおうちかな？
素敵なおうちだね。誰かな？

▶ いちばん右側をめくり、4 ページ目のいちばん右側を開く。

おやおや、おうちからしっぽが見えたよ。
誰かな？　羽のようなしっぽだね。

▶ 窓のしかけを開く。

ちょっと窓を開けてみましょう。
少し顔が見えるよ。誰の顔かな？

▶ 窓のしかけを閉じ、真ん中の右側をめくり、
　 4 ページ目の真ん中の右側を開く。

誰だか、わかったかな？

▶ 子どもたちの反応を受け、左側をめくり、
　4ページ目の左側を開く。

大あたり!　ニワトリさんでしたね。
ニワトリさんのおうちだったんだね。

▶ 5ページ目を開く。

じゃあ、今度は誰のおうちかわかるかな?
草でできたおうちみたいだね。

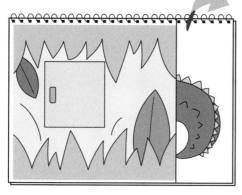

▶ いちばん右側をめくり、6ページ目のいちばん右側を開く。

おやおや、おうちからしっぽが見えたよ。
誰かな?　太いしっぽだね。

▶ 窓のしかけを開く。

ちょっと窓を開けてみましょう。
顔が見えるね。誰の顔かな?

ワニさん!

14

▶ 窓のしかけを閉じ、真ん中の右側をめくり、
6 ページ目の真ん中の右側を開く。

誰だか、わかったかな？

15

▶ 子どもたちの反応を受け、左側をめくり、
6 ページ目の左側を開く。

あたり～！　ワニさんでしたね。
ワニさんのおうちだったんだね。

16

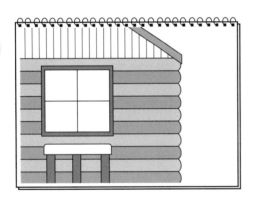

▶ 7 ページ目を開く。

じゃあ、今度は誰のおうちかわかるかな？
木でできたおうちみたいだね。

17

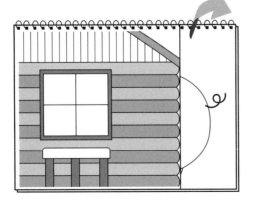

▶ いちばん右側をめくり、8 ページ目のいちばん右側を開く。

おや、またおうちからしっぽが見えたよ。誰かな？
くるんとしたしっぽだね。

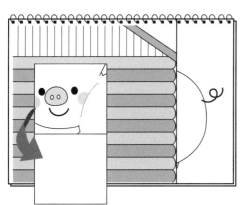

▶ 窓のしかけを開く。

ちょっと窓を開けてみましょう。
顔が見えるね。誰の顔かな？

ブタさんだあ〜

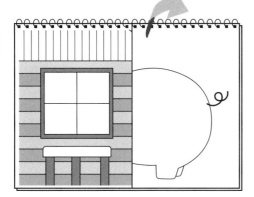

▶ 窓のしかけを閉じ、真ん中の右側をめくり、
　8ページ目の真ん中の右側を開く。

もう誰だか、わかったかな？

▶ 子どもたちの反応を受け、左側をめくり、
　8ページ目の左側を開く。

大あたり〜！　ブタさんでしたね。
ブタさんのおうちだったんだね。

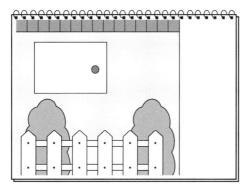

▶ 9ページ目を開く。

じゃあ、今度は誰のおうちかわかるかな？
これで最後だよ。

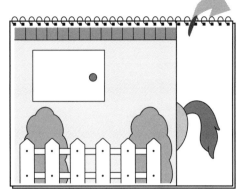

▶ いちばん右側をめくり、10ページ目のいちばん右側を開く。

あら、またおうちからしっぽが見えたよ。誰かな？
ふさふさしたしっぽだね。

▶ 窓のしかけを開く。

ちょっと窓を開けてみましょう。
顔が見えるね。誰の顔かわかるかな？

▶ 窓のしかけを閉じ、真ん中の右側をめくり、
　10ページ目の真ん中の右側を開く。

もう誰だか、わかったかな？

▶ 子どもたちの反応を受け、左側をめくり、
　10ページ目の左側を開く。

あったり〜！　ウマさんでしたね。
ウマさんのおうちだったんだね。
いろいろなおうちに、いろいろな動物たちがいたね。

ペープサート

ペープサートを使って楽しむシアターあそびです。ペープサートの表と裏で表情や動きが変わります。また、しかけのあるペープサートを開くと、動物たちがトイレでうんちをした後の場面に変わったり、クイズでは、裏面で答えがわかったりします。リズムよくペープサートを動かして、楽しさを盛り上げましょう。

ペープサートの作りかた

用意するもの

- 型紙のコピー
- 画用紙、厚紙など
- マーカー、色鉛筆など
- 割りばし
- はさみ、カッターなど
- 両面テープ
- ガムテープ
- 鉛筆削り

① 各ペープサートの型紙をお好みのサイズに拡大コピーし、切り取って色をぬります。厚紙などに貼って、余分なところを切り落とします。

② 割りばしをふたつに割り、先の細い方を鉛筆削りで削ります。

③ 割りばしの削った方が下になるように、①の裏側に割りばしをガムテープでつけます。なお、両面にペープサートがつく場合は、割りばしを両面テープでとめ、はさむようにしてふたつのペープサートをくっつけます。

①

② 割りばし

削る

③ 裏

ガムテープ

両面のペープサートは、割りばしをはさんで貼り合わせる

舞台の作りかた

用意するもの

- テーブル、机など
- 大きめの段ボール
- 色画用紙、色模造紙など
- はさみ、カッターなど
- 木工用ボンド、のりなど
- 発泡スチロールのトレー
- 油粘土

① 大きめの段ボールを左下の図のように切って、舞台の囲みを作ります。

② ①の舞台の正面と横に色画用紙や色模造紙を貼ります。

③ 発泡スチロールのトレー数枚に、油粘土を高く盛るように乗せ、②の舞台の内側に置きます。ペープサートを立てるときは、割りばしを油粘土に刺します。

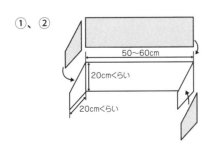
①、②

50～60cm

20cmくらい

20cmくらい

③

油粘土　トレー

テーブルや机などの上に舞台を置く

ペープサート

うた きのこ

「♪きのこ」の歌詞に合わせて、足が出たり、手が出たり、雨が降ると背が伸びたり、笠が大きくなったりします。メロディに合わせて、ペープサートを左右に揺らしたり、タイミングよく裏がえして、楽しさを演出しましょう。また、それぞれのきのこには、カラフルな色をぬりましょう。

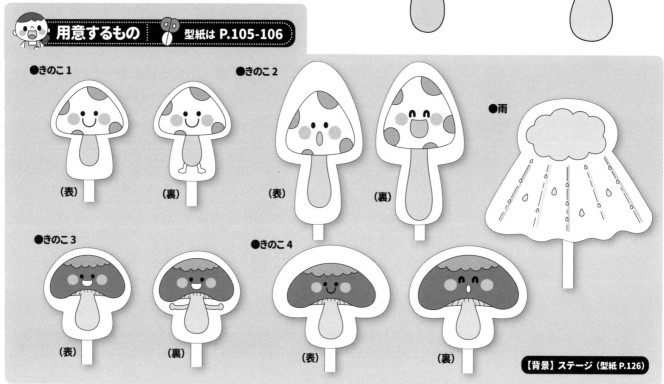

用意するもの　　型紙は P.105-106

●きのこ1
（表）　（裏）

●きのこ2
（表）　（裏）

●雨

●きのこ3
（表）　（裏）

●きのこ4
（表）　（裏）

【背景】ステージ（型紙 P.126）

あそびかた

1

これは何だかわかるかな？

▶「きのこ1」（表）と「きのこ3」（表）を出す。

そうだね、きのこだね。
きのこはね、何かが起きると、背が伸びたり、笠が大きくなったりするんだって。何だろうね？
じゃあ、みんなで「♪きのこ」の歌を歌ってみましょう。

2

▶「きのこ3」を下げ、「きのこ1」（表）を動かす。

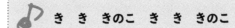
♪ き　き　きのこ　き　き　きのこ

3

▶「きのこ1」を裏がえし、動かす。

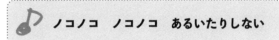
♪ ノコノコ　ノコノコ　あるいたりしない

4

▶「きのこ1」を表にし、動かす。

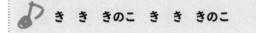
♪ き　き　きのこ　き　き　きのこ

5

▶「きのこ1」を裏がえし、動かす。

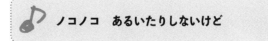
♪ ノコノコ　あるいたりしないけど

▶「きのこ1」を表にし、「雨」を出す。

 ぎんの　あめあめ　ふったらば

▶「きのこ1」を下げ、「きのこ2」（表）出す。

 せいが　のびてく
るるるる　るるるる

▶「きのこ2」を裏がえし、動かす。

 いきてる　いきてる
いきてる　いきてる
きのこは　いきてるんだね

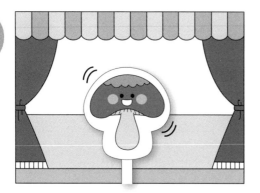

▶「きのこ2」と「雨」を下げ、「きのこ3」（表）を出し、動かす。

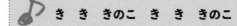 き　き　きのこ　き　き　きのこ

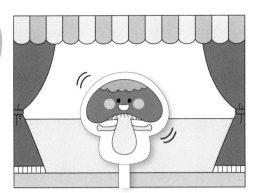

▶「きのこ3」を裏がえし、動かす。

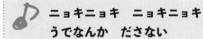
🎵 ニョキニョキ　ニョキニョキ
　　うでなんか　ださない

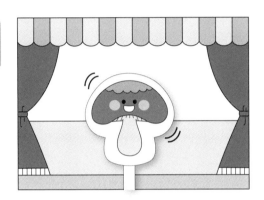

▶「きのこ3」を表にして、動かす。

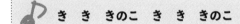
🎵 き　き　きのこ　き　き　きのこ

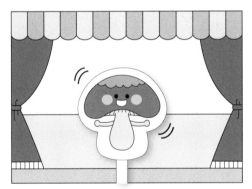

▶「きのこ3」を裏がえし、動かす。

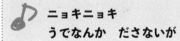
🎵 ニョキニョキ
　　うでなんか　ださないが

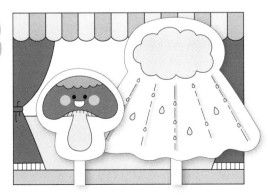

▶「きのこ3」を表にし、「雨」を出す。

🎵 ぎんの　あめあめ　ふったらば

ペ
ー
プ
サ
ー
ト

14

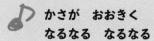
▶「きのこ3」を下げ、「きのこ4」（表）出す。

> ♪ かさが　おおきく
> 　なるなる　なるなる

15

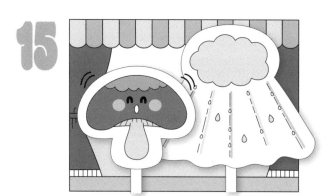

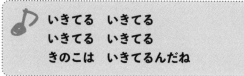
▶「きのこ4」を裏がえし、動かす。

> ♪ いきてる　いきてる
> 　いきてる　いきてる
> 　きのこは　いきてるんだね

きのこは雨が降ると、背が伸びたり、笠が大きくなったりするんだね。みんな、きのこは好きかな？

きのこ

作詞：まど・みちお／作曲：くらかけ昭二

ペープサート

ペープサート

名作 こぶとりじいさん

日本の昔話「こぶとりじいさん」をペープサートで演じます。こぶとりじ
いさんが踊りながら鬼たちの前に出る場面では、ペープサートを大きく
動かして、陽気に浮かれている様子を表現しましょう。また、鬼の声は
低めの怖そうな声で演じるとおもしろいでしょう。

用意するもの　型紙は P.106-108

●こぶとりじいさん 1
（表）　（裏）

●こぶとりじいさん 2
（表）　（裏）

●木（2本用意する）

●となりのおじいさん 1
（表）　（裏）

●となりのおじいさん 2
（表）　（裏）

●鬼
（表）　（裏）

●鬼の子分

●ニワトリ

- 50 -

1

▶ あらかじめ、舞台の左右に「木」を立てておく。

昔、あるところに、右のほっぺに大きなこぶのあるおじいさんがいました。今日は、山へたきぎを集めに来たようですよ。

▶「こぶとりじいさん1」（表）を出して動かす。

「**今日はたきぎをたくさん集められたな。
でも、夢中で集めたから、ちょっと疲れちゃったな。
少し昼寝でもするか。**」

2

▶「こぶとりじいさん1」を裏がえし、舞台左に立てた「木」に寄りかかっているように立てる。

おじいさんはそう言うと、木に寄りかかって、気持ちよさそうに眠ってしまいました。

ペープサート

3

日が暮れて、あたりが真っ暗になった頃、どこからともなく、鬼が子分たちを引き連れて、やって来ました。

▶「鬼」（表）と「鬼の子分」を出して動かす。

「**今日もおいらたちの時間がきたぜ。
今夜も楽しく歌って踊って、盛り上がろうぜ！**」

> ♪ おにの　おどりだ　すってけてん（ヨッ）
> てけてけ　すってけ　すってけてん（ホッ）
> ようきに　うたって　おどろうぜ
> よどおし　うたって　おどろうぜ
> おにの　おどりだ　すってけてん（ヨッ）
> てけてけ　すってけ　すってけてん

おじいさんは、鬼たちの歌声で目が覚めました。

▶「こぶとりじいさん1」を下げ、「こぶとりじいさん2」（表）
　を舞台左に立てた木の陰に立てる。

「わっ、お、鬼だ・・・。ど、どうしよう・・・。」

おじいさんは、木の陰から鬼たちの様子を伺っていましたが、
鬼たちが楽しそうに歌って踊っている姿を見て、自分もつられ
て踊り出してしまいました。

▶「鬼」（表）と「鬼の子分」を立て、「こぶとりじいさん2」（表）
　を動かしながら、「鬼」に近づける。

「♪おにの　おどりだ　すってけてん～」

「おや、じいさん、どこから来たんだ？
　歌も踊りもうまいじゃないか。」

「それは、ありがとうございます。」

「よし、じゃあ、じいさんを交えて、
　もう一度歌って踊ろうぜ。」

▶「こぶとりじいさん2」（表）と「鬼」（表）を片手で持ち、
　もう片方の手で「鬼の子分」を持って動かす。

> 🎵　おにの　おどりだ　すってけてん（ヨッ）
> 　てけてけ　すってけ　すってけてん（ホッ）
> 　ようきに　うたって　おどろうぜ
> 　よどおし　うたって　おどろうぜ
> 　おにの　おどりだ　すってけてん（ヨッ）
> 　てけてけ　すってけ　すってけてん

鬼たちは、おじいさんの歌や踊りをすっかり気に入って楽しい
気分になり、時間を忘れて歌い踊り続けました。

やがて夜が明けて、うっすらと明るくなり、ニワトリが鳴きました。

▶「こぶとりじいさん 2」(表)、「鬼」(表)、
　「鬼の子分」を立て、「ニワトリ」を出して動かす。

「コケコッコー！」

「あっ、ニワトリが鳴いたぞ。そろそろ帰らないと！」

朝になると、鬼たちは森の奥に帰らないといけないようです。

▶ニワトリを下げる。

「おい、じいさん、明日の晩もまた踊りに来いよ。
　必ずだぞ！ それまで、このこぶは預かっておく
　からな。えいっ！」

鬼はそう言うと、おじいさんのこぶをもぎ取りました。

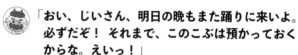「こぶとりじいさん 2」（表）と「鬼」（表）を裏がえし、動かす。

「いてて・・・。おお、こぶが取れた！」

そうして、鬼たちは森の奥に帰って行きました。

▶すべてを一度下げ、再び「こぶとりじいさん 2」（裏）を
　出して動かす。

「こぶが取れて、ほっぺがすっきりした。」

おじいさんが村に帰ると、となりのおじいさんがやって来ました。
となりのおじいさんには、左のほっぺに大きなこぶがありました。

▶「となりのおじいさん 1」（表）を出して動かす。

「おや、右のほっぺにあったこぶは、
　どうしたんじゃ？」

おじいさんは、鬼のことを話しました。すると、となりのおじい
さんは、自分も鬼にこぶを取ってもらいたいと思いました。

ペープサート

- 53 -

▶「こぶとりじいさん 2」と「となりのおじいさん 1」を下げ、舞台の左右に木を立て、左の木の陰に「となりのおじいさん 1」（裏）を立てる。

その晩のことです。となりのおじいさんは、山の中へ行き、木の陰に隠れて鬼たちが来るのを待っていました。

するとそこへ、鬼たちが現れました。

▶「鬼」（表）と「鬼の子分」を出して動かす。

「今日もおいらたちの時間がきたぜ。
今夜も楽しく歌って踊って、盛り上がろうぜ！」

> おにの　おどりだ　すってけてん（ヨッ）
> てけてけ　すってけ　すってけてん（ホッ）
> ようきに　うたって　おどろうぜ
> よどおし　うたって　おどろうぜ
> おにの　おどりだ　すってけてん（ヨッ）
> てけてけ　すってけ　すってけてん

「おお、鬼たちが現れたぞ。でも、怖いなあ・・・。
どうしよう・・・。」

となりのおじいさんは、怖くて戸惑いましたが、思い切って鬼たちの前に踊り出ました。

▶「鬼」（表）と「鬼の子分」を立てて、「となりのおじいさん 1」を下げ、「となりのおじいさん 2」（表）を出して動かしながら、「鬼」に近づける。

「♪おにの　おどりだ　すってけてん～」

でも、となりのおじいさんは、鬼たちが怖くて、声は震えるし、足はガクガクするし、うまく歌って踊れません。

「あれ、じいさん、なんだ、その下手くそな歌と踊りは！
ゆうべとはまるで違うじゃないか！
そんな下手くそな踊りは見たくないぞ。
とっとと帰れ！　これは返してやるわ！」

鬼はそう言うと、昨日のおじいさんのこぶを、となりのおじいさんの右のほっぺにペタンとつけました。

▶「鬼」（表）と「となりのおじいさん 2」（表）を裏がえし、動かす。その後、再び「鬼」を表にする。

「ひえ～！」

そういうわけで、となりのおじいさんは、こぶがふたつになってしまいました。そして、泣きながら村に帰って行きました。

鬼の踊り

作詞／作曲：井上明美

おにの　おどりだ　すって けてん（ヨッ）てけてけすってけ すって けてん（ホッ）

ようき にう たって おどろ うぜ　よど おしう たって おどろ うぜ

おにの　おどりだ　すって てけてん（ヨッ）てけてけすってけ すって けてん

ペープサート

生活 うんち出たかな?

いろいろな動物たちがうんちをする様子を、ペープサートで表現します。うんちをしている動物たちの表情から、ペープサートのしかけを開くと、うんちが出た場面に変わり、すっきりした表情に変わります。うんちは、小さなものからだんだん大きくなり、うんちが出る擬音は、大きさに合わせて変化をつけています。また、「♪うんちっち」の歌に合わせて、ペープサートを動かします。

用意するもの　型紙は P.108-109

●ウサギ　（表）（裏）

●キツネ　（表）（裏）

●パンダ　（表）（裏）

●ゾウ　（表）（裏）

※【しかけの作りかた】は P.58 にあります。

あそびかた

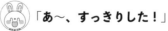

1

🐰 「うーん、うーん・・・。」

▶「ウサギ」（表）を出す。

ウサギさんがトイレに入っていますよ。うんちをしたいみたいですね。うんち、出るかな?

▶「ウサギ」の内側を開き、

コロン! あっ、うんちが出ましたね。ウサギさんのうんちは、小さいうんちですね。

🐰 「あ〜、すっきりした!」

ウサギさん、うんちが出て、すっきりしたみたいですね。

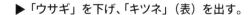

▶「ウサギ」を下げ、「キツネ」（表）を出す。

今度は、キツネさんがトイレに入っていますよ。
キツネさんも、うんちをしたいみたいですね。

「**うーん、うーん・・・。**」

▶「キツネ」の内側を開き、

ポトン！ あっ、うんちが出ましたね。
キツネさんのうんちは、普通の大きさのうんちですね。

「**あ〜、すっきりした！**」

キツネさんも、うんちが出て、すっきりしたみたいですね。
よかったね！

▶「キツネ」を下げ、「パンダ」（表）を出す。

今度は、パンダさんがトイレに入っていますよ。
パンダさんも、うんちをしたいみたいですね。

「**うーん、うーん・・・。**」

▶「パンダ」の内側を開き、

ボトン！ あっ、うんちが出ましたね。
パンダさんのうんちは、ちょっと大きいうんちですね。

「**あ〜、すっきりした！**」

パンダさんも、うんちが出て、すっきりしたみたいですね。
よかったね！

▶「パンダ」を下げ、「ゾウ」（表）を出す。

最後は、ゾウさんがトイレに入っていますよ。
ゾウさんも、うんちをしたいみたいですね。

「**うーん、うーん・・・。**」

▶「ゾウ」の内側を開き、

ボトン！ あっ、うんちが出ましたね。
ゾウさんのうんちは、とっても大きいうんちですね。

「**あ〜、すっきりした！**」

ゾウさんも、うんちが出て、すっきりしたみたいですね。
みんな、うんちが出て、よかったね！
じゃあ、みんなで「♪**うんちっち**」の歌を歌ってみましょう。

うんちっち

作詞／作曲：井上明美

※「♪うんちっち」を歌いながら、それぞれのペープサートを動かし、歌詞の「♪うーん　うーん　うーんとでたよ」
のところで、内側を開いてもいいでしょう。

う　ん　ち　っ　ち　うん　ち　っ　ち　ト　イ　レ　で　うん　ち　っ　ち

う　ん　ち　を　し　ょ　う　トイ　レ　で　うん　ち　っ　ち

うー　ん　うー　ん　うーん　と　で　た　よ

あ　あ　すっ　き　り　ヘイ！

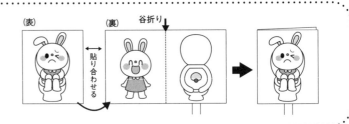

ペープサート

クイズ どんな車かな？

「働く車」をテーマに、ペープサートの表面では、ある場所（たとえば交番や火事現場、ポストなど）を見せ、その場面で必要な車や働く車は何かをあてます。ペープサートを裏面にすると、それぞれの車が現れます。最後に「♪はたらくくるま」の歌をみんなで歌います。

用意するもの　型紙は P.110-112

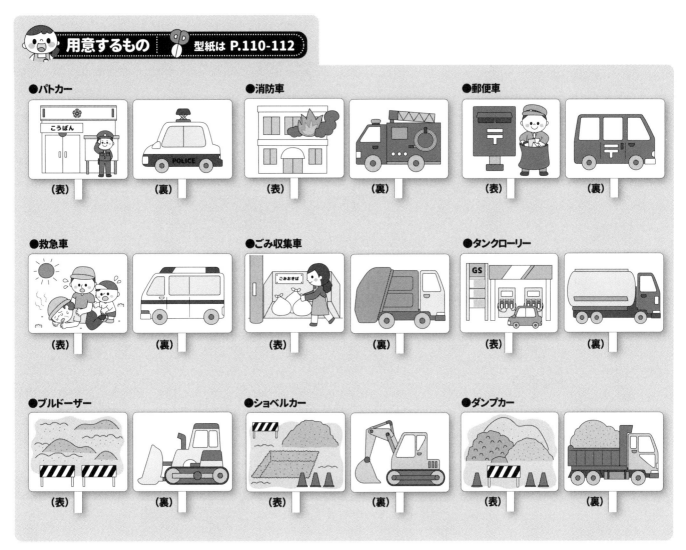

- ●パトカー　（表）（裏）
- ●消防車　（表）（裏）
- ●郵便車　（表）（裏）
- ●救急車　（表）（裏）
- ●ごみ収集車　（表）（裏）
- ●タンクローリー　（表）（裏）
- ●ブルドーザー　（表）（裏）
- ●ショベルカー　（表）（裏）
- ●ダンプカー　（表）（裏）

いろいろな場所で、働く車がたくさん活躍していますね。

どんな車があるか、みんなで考えてみましょう。

じゃあ、まずはこれ。交番にはおまわりさんがいますね。

おまわりさんが町の中を見回ったり、犯人を追いかけるときに使う車は何かな?

▶「パトカー」(表)を見せる。

▶「パトカー」を裏がえし、

そうですね! パトカーですね。

他の車も同様に行います。

★消防車

火事が起きたときは、どんな車が活躍するのかな?

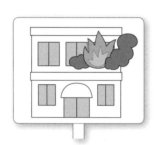

そうですね。 火事のときは消防車が活躍しますね。消防車が火を消してくれますね。

★郵便車

じゃあ、郵便屋さんが、荷物を配達したり、ポストに集まった手紙を取りに行ったり
するときに使う車は?

そうだね、郵便車だね。赤い車が多いよね。

★救急車

夏の暑い日に、お父さん、おばあんちゃんと3人で散歩したんだ。

でも、途中でおばあちゃんが熱中症で倒れちゃったよ。

こんなとき、お父さんはどんな車を呼ぶのかな?

 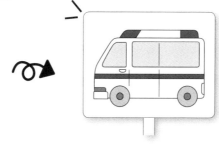

そうだね、救急車だね。救急車が病人を病院まで連れて行ってくれるんだね。

★ごみ収集車

ごみ置き場のごみを集めに来る車は?

ごみ収集車でした。ごみ清掃車ともいうよ。

★タンクローリー

じゃあ、ガソリンスタンドにガソリンを運ぶ車は?

タンクローリーです。みんな、見たことあるかな?

ペープサート

★ブルドーザー

じゃあ、ここからは工事現場や建設現場などで働く車だよ。

土砂の山を崩して、土砂を押して運ぶ車は何かな?

ブルドーザーでした!

★ショベルカー

土砂を掘ったり、砕いたりする車は?

ショベルカーですね。

★ダンプカー

じゃあ、掘った土や砂利を運ぶ車は?

ダンプカーでした。

いろいろな車がいろいろな場所で活躍しているね。

じゃあ、最後にみんなで「♪**はたらくくるま**」の歌を歌ってみましょう。

はたらくくるま

作詞：伊藤アキラ／作曲：越部信義

のりもの　あつまれー　いろんな　くるまー

どんどん　でてこい　はたらくくるまー

1. はがきや　おてがみ　あつめる　ゆうびん　しゃ
2. じどうしゃ　いっぱい　はこべる　カーキャリ　アト
3. おもたい　にもつを　あげさげ　フォークリフ

（ゆう　びん　しゃ）　まちじゅう　きれいに　おそうじ　せいそう
（カー　キャリ　ア）　ひっこし　にもつには　おまかせ　パネルバ
（フォーク　リフ　ト）　じめんの　でこぼこ　たいらに　ブルドー

しゃ
ンザー

（せいそうしゃ）　けがにん　びょうにん　いそいで　きゅうきゅう
（パネルバン）　こわれた　くるまを　うごかす　レッカー
（ブルドーザー）　おおきな　いしでも　らくらく　ショベルカ

ペープサート

パネルシアター

ここでは、パネルシアターを使ったさまざまなシアターあそびを紹介しています。いろいろなものをミックスジュースに入れるように重ねて貼ったり、一寸法師がお椀の舟に乗る場面では、お椀のポケットに一寸法師の絵人形を入れたり、魔法の布とニワトリを重ねてアヒルにかぶせ、魔法の布を取るとニワトリが現れたり・・・。パネルシアターならではの手法でそれぞれのステージを楽しみます。

パネルシアターの作りかた

用意するもの

・段ボール、スチレンボード、ベニヤ板など
・パネル布
・はさみ、カッターなど
・ガムテープ

① タテ70〜80cm、ヨコ100〜110cmくらいの大きめの段ボール、またはスチレンボード、ベニヤ板などを用意します。

② タテ・ヨコともに、①より10〜15cmくらい大きく切ったパネル布を用意します。

③ ②の上に①を乗せ、あまったパネル布を折りかえして、ガムテープを貼ります。このとき、パネル布がピンと張るように、きっちりとめます。

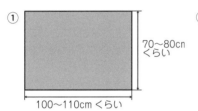
① 70〜80cm
くらい
100〜110cm くらい

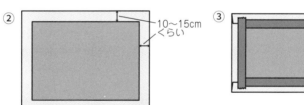
② 10〜15cm
くらい
③

舞台の作りかた

用意するもの

・机、テーブルなど
・大きめの積み木、レンガなどパネルの支えになるもの
・ガムテープ

① 机やテーブルと、パネルを支える大きめの積み木やレンガなどを用意します。

② 机やテーブルにパネルを乗せ、積み木やレンガなどで支えて、数ヶ所をガムテープでとめて固定します。

※なお舞台は、パネルシアター用のイーゼルを使ってもいいでしょう。

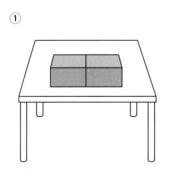
①

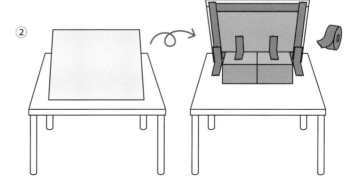
②

絵人形の作りかた

 用意するもの

- 型紙のコピー
- Pペーパー
（パネルシアター用不織布）
- はさみ
- 鉛筆
- 水彩絵の具または
ポスターカラーなど
- 黒の油性ペン
- 筆
- パレット

① 型紙をお好みの大きさに拡大コピーします。

② Pペーパーの下に①を敷き、しっかり押さえながら、鉛筆で絵を写し取ります。

③ 水彩絵の具、またはポスターカラーなどで、②に色をつけます。

④ 乾いたら、輪郭線を黒の油性ペンで太くくっきりと縁取りします。

⑤ 形に沿って、はさみで切り取ります。

①  ②  ③  ④  ⑤

しかけなどについて

 用意するもの ・パネル布 ・木工用ボンド ・カッター

● 裏表の貼り合わせ
裏表のある絵人形は、木工用ボンドで貼り合わせて、両面を使用します。

貼り合わせる

● 裏打ち
Pペーパー同士はくっつかないため、絵人形に別の絵人形を貼る場合は、上から貼る絵人形の裏にパネル布を貼り、裏打ちします。

パネル布

裏に絵人形より小さく切ったパネル布を貼る

● 切り込みとポケット
「切り込み線」が書かれている型紙には、切り込みを入れます。ポケットをつけるものには、裏にポケットを貼り合わせ、切り込みに別の絵人形をさし込んだり、取り出したりします。

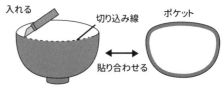

カッターで切り込みを入れる　　切り込み線　　ポケット

貼り合わせる

さし込む

うた ぼくのミックスジュース

子どもたちに大人気の「♪ぼくのミックスジュース」の歌をパネルシアターで展開します。歌詞に登場する「おおごえ」「おひさま」「こわいゆめ」などをミキサーに入れるイメージで、大きな「ミキサー」をかぶせます。歌に合わせてテンポよく絵人形などを出して貼りましょう。

用意するもの　型紙は P.113-116

●おおごえ　●おひさま　●こわいゆめ　●あさ　●フルーツ

●のみほす　●いいこと　●うたごえ　●おおぞら

●べそっかき　●ミキサー

●ひる　●おはなし

●いいちょうし

●すりきず

●ゆめのなか

●おふろ　●よる

「おひさま」「こわいゆめ」「おおぞら」「べそっかき」「おふろ」「すりきず」に、それぞれの大きさより小さく切ったパネル布を貼り、裏打ちします。

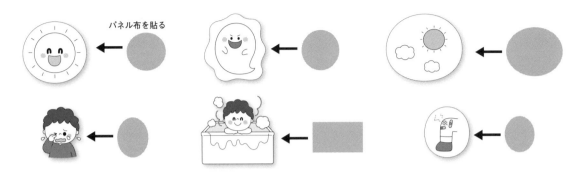

あ そ び か た

みんな、ミックスジュースって知ってるかな？
くだものとか野菜とか、いろいろなものが入っていて、おいしいジュースだよ。でも今日は、ちょっと変わったものを入れてみるよ。
じゃあ、みんなで「♪**ぼくのミックスジュース**」の歌を歌ってみましょう。

▶「おおごえ」を出して貼る。続いて「おひさま」を出して貼る。

> ♪ おはようさんの　おおごえと
> キラキラキラの　おひさまと

2

▶「こわいゆめ」を出して貼る。

> ♪ それに　ゆうべの　こわいゆめ

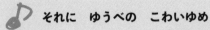

▶「おおごえ」「おひさま」「こわいゆめ」を重ね、「ミキサー」を出して、それらの上に貼る。

 みんな　ミキサーに　ぶちこんで

▶「あさ」と「フルーツ」を出して貼る。

 あさは　ミックスジュース
　　　　ミックスジュース　ミックスジュース

▶「のみほす」を出して貼る。

 こいつを　ググッと　のみほせば

▶「いいこと」を出して貼る。

 きょうは　いいこと　あるかもね

パネルシアター

▶すべてを下げ、「うたごえ」を出して貼る。
　続いて、「おおぞら」を出して貼る。

🎵 ともだち　なかよし　うたごえと
　　スカッと　はれた　おおぞらと

▶「べそかっき」を出して貼る。

🎵 それに　けんかの　べそっかき

▶「うたごえ」「おおぞら」「べそっかき」を重ね、
　「ミキサー」を出して、それらの上に貼る。

🎵 みんな　ミキサーに　ぶちこんで

▶「ひる」と「フルーツ」を出して貼る。

🎵 ひるは　ミックスジュース
　　ミックスジュース　ミックスジュース

11

▶「のみほす」を出して貼る。

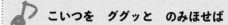
こいつを　ググッと　のみほせば

12

▶「いいちょうし」を出して貼る。

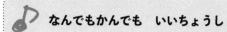
なんでもかんでも　いいちょうし

13

▶すべてを下げ、「おはなし」を出して貼る。
続いて「おふろ」を出して貼る。

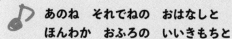
あのね　それでねの　おはなしと
ほんわか　おふろの　いいきもちと

14

▶「すりきず」を出して貼る。

それに　ひざこぞうの　すりきずを

15

▶「おはなし」「おふろ」「すりきず」を重ね、「ミキサー」を出して、それらの上に貼る。

♪ **みんな　ミキサーに　ぶちこんで**

16

▶「よる」と「フルーツ」を出して貼る。

♪ **よるは　ミックスジュース**
　　ミックスジュース　ミックスジュース

17

▶「のみほす」を出して貼る。

♪ **こいつを　ググッと　のみほせば**

18

▶「ゆめのなか」を出して貼る。

♪ **あとは　ぐっすり　ゆめのなか**

ミックスジュースの中には、いろいろなものが入りましたね。
どんな味がしたんだろうね？
おいしいのかな？　おいしくないのかな？

これで、「♪**ぼくのミックスジュース**」のパネルシアターはおしまい。

ぼくのミックスジュース

作詞：五味太郎／作曲：渋谷 毅

1. おはようさん　　の
2. ともだちなかよ　し
3. あのねーそれでね　の

おおごえと
うたごえと
おはなしと

キラキラキラ　　の
スカッとはれ　た
ほんわかおふろ　の

おひさまと
おおぞらと
いいきもちと

それにゆう　べ の
それにけん　か の
それにひざこぞうの

こわいゆめ
べそっかき
すりきずを

みんなミキサーに
みんなミキサーに
みんなミキサーに

ぶちこんで
ぶちこんで
ぶちこんで

あ　さ　は
ひ　る　は
よ　る　は

ミックスジュース
ミックスジュース
ミックスジュース

ミックスジュース
ミックスジュース
ミックスジュース

ミックスジュ　ー　ス
ミックスジュ　ー　ス
ミックスジュ　ー

こいつをググッと
こいつをググッと
こいつをググッと

のみほせば
のみほせば
のみほせば

きょうはいいこと
なんでもかんでも
あとはぐっすり

あるかもね
いいちょうし
ゆめのなか

パネルシアター

名作 一寸法師

日本の昔話「一寸法師」をパネルシアターで演じます。小さな一寸法師が川を渡っていく場面では、お椀のポケットのしかけに、一寸法師を入れます。お殿様、お姫様、鬼など、それぞれの登場人物に合わせて大げさに声色を変えて演じると、おもしろいでしょう。

用意するもの　　型紙は P.116-119

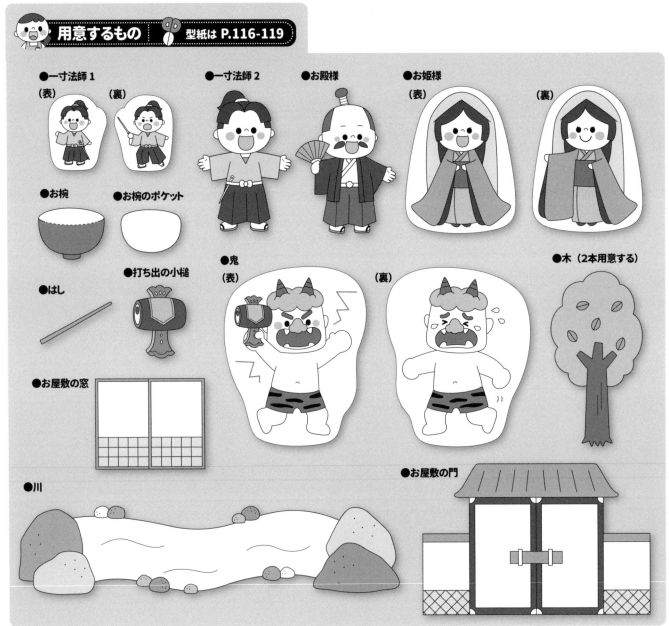

●一寸法師 1
（表）　　（裏）

●一寸法師 2

●お殿様

●お姫様
（表）　　（裏）

●お椀

●お椀のポケット

●打ち出の小槌

●はし

●鬼
（表）　　（裏）

●木（2本用意する）

●お屋敷の窓

●川

●お屋敷の門

① 「お椀」の切り込み線に切り込みを入れます。

② 「お椀のポケット」の下記のグレー部分に木工用ボンドをぬり、①の「お椀」の裏側に貼り合わせます。

貼り合わせる

あそびかた

1

▶「一寸法師1」（表）を出して貼る。

昔、あるところに、小さな小さな男の子がいました。あまりに小さかったので、男の子は「一寸法師」と呼ばれていました。一寸とは、指先くらいの長さのことです。腰には、針の刀をつけていました。

あるとき、一寸法師は思い立ちました。

▶「一寸法師1」（表）を動かしながら、

「そうだ！ 都に行って侍になろう！」

2

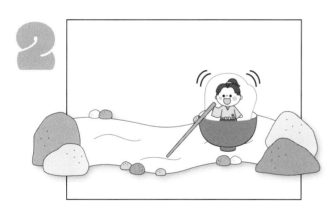

▶「川」を出して貼る。「一寸法師1」（表）を「お椀」のポケットにさし込み、「はし」を持たせるようにして、「川」をこいで行くように、右から左に動かす。

そうして、一寸法師は、お椀を舟に、おはしを舟をこぐ※かいにして、都に向かって川を下って行きました。

※櫂（かい）…舟をこぐ道具。

3

▶ すべてを一度下げ、「お屋敷の門」を貼る。

一寸法師が何日もかけて、ようやく都に着くと、目の前に大きなお屋敷の門がありました。

▶「一寸法師1」（表）を出して動かし、

「ごめんください！ 誰かいませんか？」

パネルシアター

すると、お屋敷からお殿様が現れました。
そうです、そこはお殿様が住むお屋敷だったのです。

▶「お殿様」を出して動かし、

「これは、なんと小さな子どもじゃろう。」

「僕はお侍になりたいんです。
　どうか、僕をこのお屋敷に置いてください。
　一生懸命働きます！」

「ほう、おもしろい子じゃな。
　よし、では、ここで働くがよい。」

そうして、一寸法師はお屋敷に置いてもらえることになりました。

▶ すべてを一度下げ、「お屋敷の窓」、「一寸法師1」（表）、
　「お姫様」（表）を貼る。

一寸法師は、小さくても賢くてよく働くので、お屋敷のみんな
に気に入られました。中でも、お姫様は一寸法師が大好きで、
いつも一緒にあそんだり、おしゃべりをしたりしました。

「一寸法師とお話ししていると、本当に楽しいわ。」

▶ すべてを一度下げ、「木」をパネルの左右に貼り、
　「一寸法師1」（表）と「お姫様」（裏）を貼る。

ある日、お姫様は一寸法師を連れて、お参りに出かけました。

その帰り道でのできごとです。

木の陰から、恐ろしい鬼が現れました。

▶「鬼」（表）を出して動かし、

「うまそうな娘だな。もらって行くぞ。」

鬼がお姫様に襲いかかろうとすると、一寸法師が立ち向かって言いました。

「お姫様に乱暴すると、ただじゃおかないぞ！」

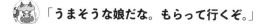「何だ、お前？　小さいくせになまいきな！
　お前なんか一飲みにしてやるわ。」

その瞬間、一寸法師は鬼に飛びかかり、針の刀で鬼の体の
あちこちを刺しました。

▶「一寸法師1」を裏がえし、鬼の体のあちこちを刺すように
　動かす。

「こらしめてやる！　これでもか！　これでもか！
　えいっ、えいっ！」

「なっ、何をする！　いててて・・・、
　やっ、やめろ・・・。」

鬼はこらえきれず、ついに山の奥に逃げて行きました。

▶「一寸法師1」（裏）を「お姫様」（裏）の近くに貼り、
　「鬼」を裏がえして、左方向に動かしながら下げる。

「ひえ～、助けてくれ～！」

パネルシアター

▶「打ち出の小槌」を貼り、「一寸法師1」を表にして貼る。

 「一寸法師のおかげで、助かったわ。
　　　ありがとう！」

 「どういたしまして。
　　　おやっ、あれは何だろう？」

それは、鬼が落としていった打ち出の小槌でした。

お姫様は、打ち出の小槌を拾い上げました。

▶「お姫様」（裏）が「打ち出の小槌」を拾い上げるように
　動かす。

 「これは打ち出の小槌だわ。これをふりながら
　　　願いごとを言えば、かなうらしいわ。」

そして、お姫様は、打ち出の小槌をふりながら言いました。

▶「お姫様」（裏）を「打ち出の小槌」を持っている状態で
　動かしながら、

 「一寸法師の背よ、伸びておくれ。
　　　高く高く伸びておくれ。」

すると、一寸法師の背がグングン伸びて、立派な若者になり
ました。

▶「一寸法師1」を下げ、「一寸法師2」を出して動かし、

 「わあ、背が伸びた！」

 「やったわ！ 嬉しいわ！」

一寸法師もお姫様も大喜び。そして、一寸法師はお姫様と結
婚して、いつまでも幸せに暮らしました。めでたし、めでたし。

生活 おかたづけできるかな?

バラバラになっているいろいろなものを、それぞれかたづけるべき場所にかたづけていきます。おもちゃはおもちゃ箱へ、食器は食器棚へ、絵本は本棚へ、洋服は洋服ダンスへ、そしてお金は財布にしまいます。パネルシアターならではの、しかけのある楽しいあそびを通して、おかたづけの大切さや、きれいにかたづけることの気持ちよさなどを学びます。

用意するもの | 型紙は P.120-123

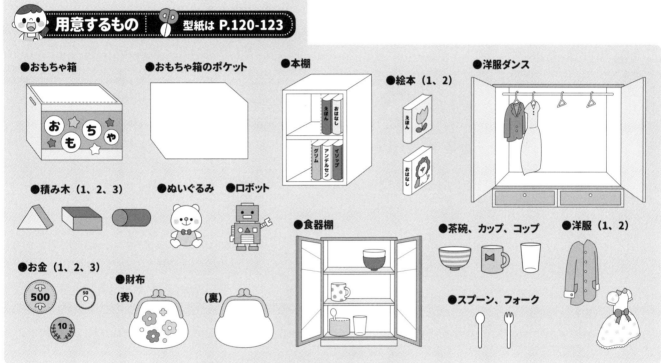

●おもちゃ箱
●おもちゃ箱のポケット
●本棚
●絵本(1、2)
●洋服ダンス
●積み木(1、2、3)
●ぬいぐるみ
●ロボット
●食器棚
●茶碗、カップ、コップ
●洋服(1、2)
●お金(1、2、3)
●財布(表)(裏)
●スプーン、フォーク

しかけの準備

① 「おもちゃ箱」「本棚」「食器棚」の切り込み線に切り込みを入れます。

② 「おもちゃ箱のポケット」の下記のグレー部分に 木工用ボンドをつけて、①の「おもちゃ箱」と貼り合わせます。

貼り合わせる

③ 「財布」(裏)の裏側の下の部分に木工用ボンドをつけて、「財布」(表)と貼り合わせます。

(裏) 貼り合わせる (表)

上の方は貼らない

④ 「茶碗」「カップ」「コップ」「洋服1」「洋服2」に、それぞれの大きさより小さく切ったパネル布を貼り、裏打ちします。

パネル布を貼る

1

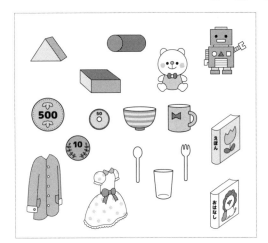

▶「おもちゃ箱」「本棚」「食器棚」「洋服ダンス」「財布」以外のすべてのパーツをパネルの下の方にバラバラに貼っておく。それぞれを指さしながら、

ここにいろいろなものがありますね。おもちゃや絵本、食器や洋服、お金もありますね。
今日は、これをみんなでおかたづけしていきましょう。

2

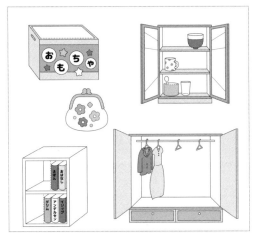

▶「おもちゃ箱」「本棚」「食器棚」「洋服ダンス」「財布」をひとつずつ出しながら、パネルの上の方に貼る。

かたづける場所は、おもちゃ箱に本棚、そして食器棚に洋服ダンス、それからお財布です。

3

じゃあ、まずはこれをかたづけましょう。積み木ですね。

▶「積み木1」「積み木2」「積み木3」を取って、見せる。

これは、どこにかたづけるのかな?

4

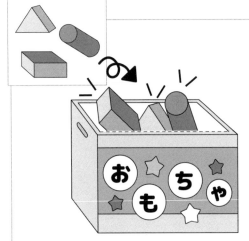

▶ 子どもたちの反応を受けて、

そうですね。積み木はおもちゃ箱にかたづけますね。
じゃあ、ここにかたづけましょう。

▶「おもちゃ箱」をパネルの中央に貼り、「積み木1」「積み木2」「積み木3」を「おもちゃ箱」のポケットにさし込む。

5

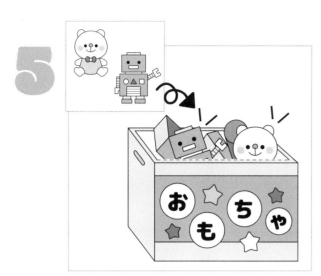

他にも、おもちゃ箱にかたづけるものがありますね。どれかな?

▶ 子どもたちの反応を受けて、「ぬいぐるみ」と「ロボット」を
　取って、見せる。

そうですね。ぬいぐるみとロボットですね。
じゃあ、これらもおもちゃ箱にかたづけましょう。

▶「ぬいぐるみ」「ロボット」を「おもちゃ箱」のポケットに
　さし込む。

6

▶「おもちゃ箱」をパネルの上の方に戻す。

次は、これ。絵本です。

▶「絵本1」「絵本2」を取って、見せる。

これは、どこにかたづけるのかな?

7

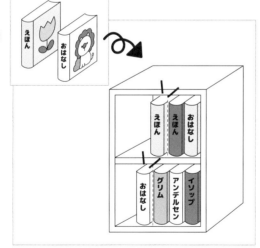

▶ 子どもたちの反応を受けて、

そうですね。絵本は本棚にかたづけましょう。

▶「本棚」をパネルの中央に貼り、「絵本1」「絵本2」を
　「本棚」の2箇所の切り込み線にさし込む。

これで絵本がかたづきましたね。

8

▶「本棚」をパネルの上の方に戻す。

次は、これです。お茶碗ですね。

▶「茶碗」を取って、見せる。

これは、どこにかたづけるのかな?

9

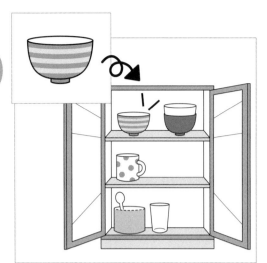

▶ 子どもたちの反応を受けて、

そうですね。茶碗は食器棚にかたづけますね。

▶「食器棚」をパネルの中央に貼り、「茶碗」を「食器棚」に貼る。

10

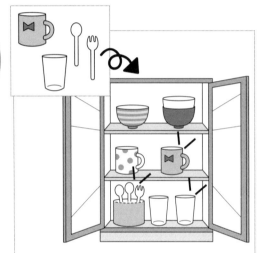

他にも、食器棚にかたづけるものがありますね。どれかな？

▶ 子どもたちの反応を受けて、「カップ」「コップ」「スプーン」「フォーク」を取って、見せる。

そうですね。カップやコップ、スプーン、フォークですね。
じゃあ、これらも食器棚にかたづけましょう。

▶「カップ」と「コップ」を「食器棚」に貼り、「スプーン」「フォーク」を「食器棚」の切り込み線に入れる。

11

▶「食器棚」をパネルの上の方に戻す。

次は、これ。洋服です。

▶「洋服1」「洋服2」を取って、見せる。

これは、どこにかたづけるのかな？

12

▶ 子どもたちの反応を受けて、

そうですね。洋服は洋服ダンスにかたづけましょう。

▶「洋服ダンス」をパネルの中央に貼り、「洋服1」「洋服2」を「洋服ダンス」のハンガー部分に貼る。

これで洋服もかたづきましたね。

13

▶「洋服ダンス」をパネルの上の方に戻す。

じゃあ、最後はこれ。お金です。

▶「お金1」「お金2」「お金3」を取って、見せる。

これは、どこにしまうのかな？

14

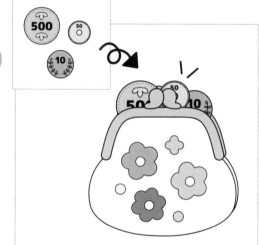

▶子どもたちの反応を受けて、

そうですね。お金はお財布にしまいますね。

▶「財布」をパネルの中央に貼り、「お金1」「お金2」「お金3」を「財布」の中に入れる。

15

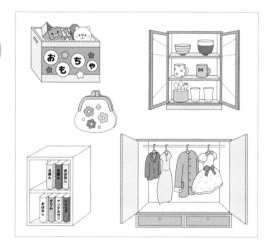

▶「おもちゃ箱」「本棚」「食器棚」「洋服ダンス」「財布」をパネルの中央に貼る。

さあ、これで全部おかたづけできましたね。
すっきりかたづいて、気持ちいいですね。
みんなも、使ったものは、それぞれの場所にきちんと
おかたづけしましょうね！

パネルシアター

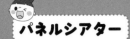
クイズ 魔法をかけたら

「魔法の布」をかけると、「アヒル」が「ニワトリ」に変身します。
「魔法の布」のパネルの後ろに「ニワトリ」のパネルを隠すように重ねて「アヒル」の上に貼り、「魔法の布」のみを取ると、「ニワトリ」が現れるしかけです。他にも、「イヌ」が「ライオン」に、「クマ」が「ゾウ」に、「ゴリラ」が「かいじゅう」に、「男の子」が「おばけ」に変身します。

用意するもの　型紙は P.124-125

●魔法の布　　●アヒル　　●イヌ　　●クマ

●ニワトリ　　●ライオン　　●ゾウ

●ゴリラ　　●かいじゅう　　●男の子　　●おばけ

しかけの準備

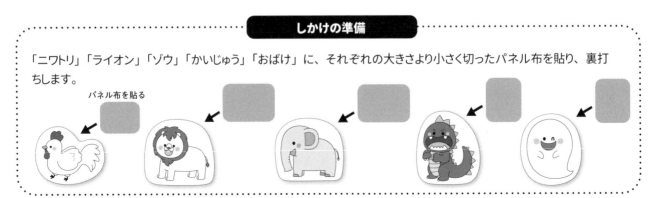

「ニワトリ」「ライオン」「ゾウ」「かいじゅう」「おばけ」に、それぞれの大きさより小さく切ったパネル布を貼り、裏打ちします。

パネル布を貼る

1

▶「魔法の布」を手に持って見せる。

ここに、不思議な魔法の布があります。この魔法の布をかけると、いろいろな生き物が他の生き物に変身するんですよ。

2

まずはこれ。

▶「魔法の布」を一度下げ、「アヒル」を出して貼る。

これはアヒルですね。このアヒルに魔法の布をかけます。

3

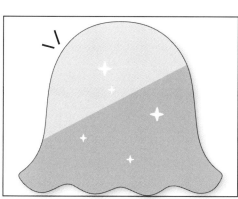

▶「魔法の布」の後ろに「ニワトリ」を隠すようにして重ね、「アヒル」の上に貼る。

すると、他の生き物に変身します。
何に変身するか、わかるかな?
ヒントは、トサカがあって、朝よく鳴く生き物です。

4

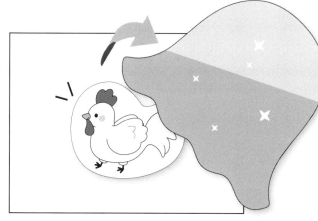

▶ 子どもたちの反応を受け、「ニワトリ」が「アヒル」の上に貼られた状態で、「魔法の布」を取る。

あたり〜! アヒルがニワトリに変身しましたね〜。
不思議ですね〜。

パネルシアター

★イヌ → ライオン

イヌに魔法の布をかけたら、何に変身すると思う?
ヒントは、たてがみがかっこいい、百獣の王です。

あったり～! ライオンに変身しました。

ライオン!

★クマ → ゾウ

じゃあ、クマに魔法の布をかけたら、何に変身するかな?
ヒントは、鼻の長～い動物だよ。

あたり～! ゾウさんに変身しました。

ゾウさんっ!

★ゴリラ → かいじゅう

ゴリラに魔法の布をかけたら、何に変身すると思う?
ヒントは、ドシドシ歩いて、ガオーとほえるよ。

なんだろう

答えはかいじゅうでした!

★男の子→おばけ

最後は、男の子に魔法の布をかけてみます。さて、何に変身するかな?
ヒントは、夜に現れるという、みんなが怖がるものです。

おばけ〜〜

答えはおばけでした〜。

パネルシアター

★型紙集　スケッチブックでシアターあそび

B4 サイズのスケッチブックに使用する場合は 310％程度、また A4 サイズの場合は 250％程度を目安に、それぞれ拡大してください。なお、スケッチブックはメーカーによってサイズが多少異なる場合がございます。その場合は調整してください。

また、イラストには色がついていませんので、拡大したものに色をぬりましょう。

イラスト内の ------- は切り離し線になります。スケッチブックに貼った後に切り離したり、切り込みを入れたりします。

切り離し線、または切り込み線
※イラストの実線と重なって見にくい箇所のみ注意書きが表記されています。

P.6 ▼ P.18　おもちゃのチャチャチャ

● 1・6・11・15・20・22 ページ目

● 2・7・12・16・21・23 ページ目

● 3 ページ目

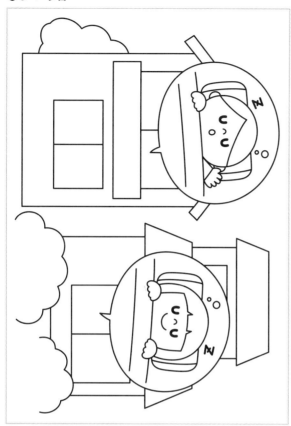

● 2 ページ目（裏）・16 ページ目（裏）

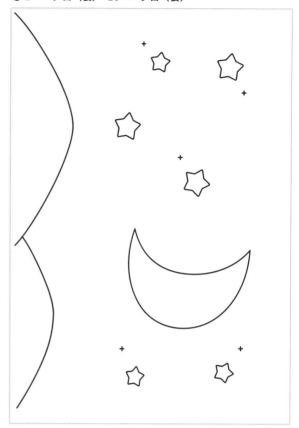

● 4 ページ目

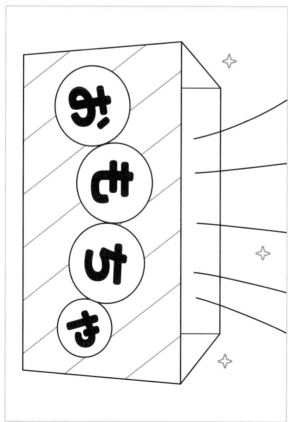

● 3 ページ目（裏）・24 ページ目

● 5 ページ目

● 8 ページ目

● 9 ページ目

● 10 ページ目

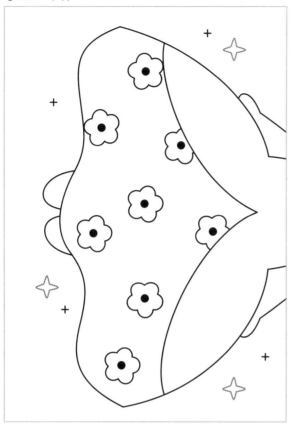

● 9 ページ目（裏）

● 13 ページ目

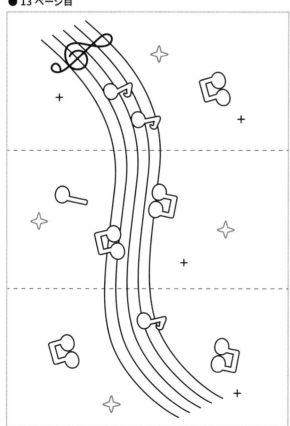

● 12 ページ目（裏）

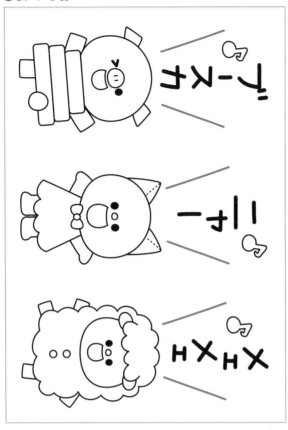

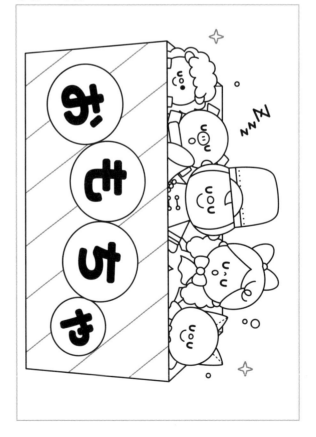

十二支のはじまり

● 1 ページ目

● 2 ページ目

● 3 ページ目

● 2 ページ目（裏）

● 4 ページ目

● 5 ページ目

● 6 ページ目

● 7 ページ目

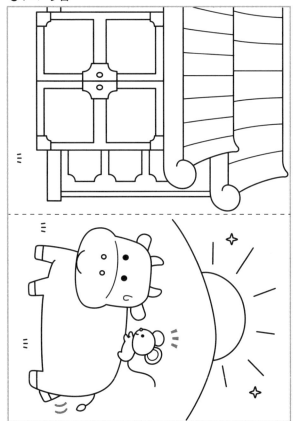

● 8 ページ目

● 9 ページ目

● 10 ページ目

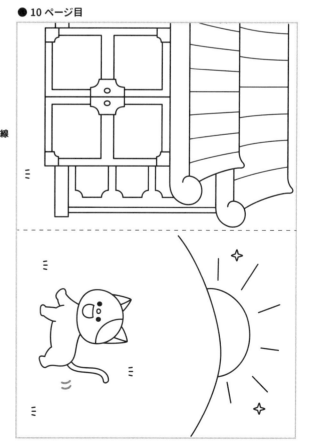

● 9 ページ目（裏）しかけ

のりしろ

←山折り線

● 11 ページ目

● 12 ページ目

● 2 ページ目

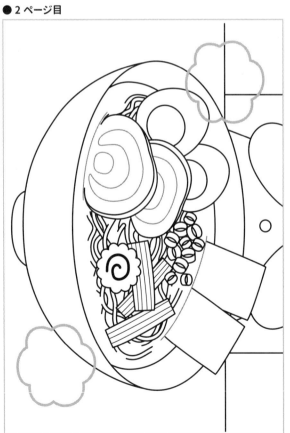

● 1 ページ目（裏）

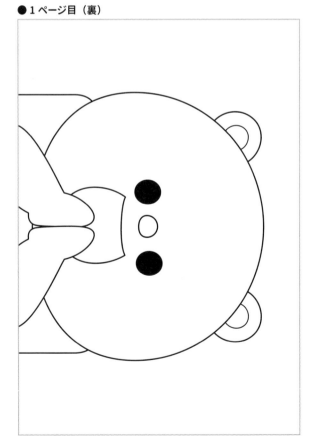

P.25
▼
P.35
おいしいもの いただきま～す！

● 3 ページ目

● 2 ページ目（裏）

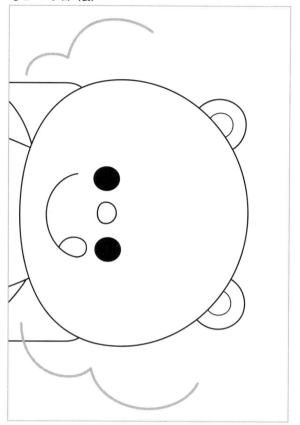

● 4 ページ目

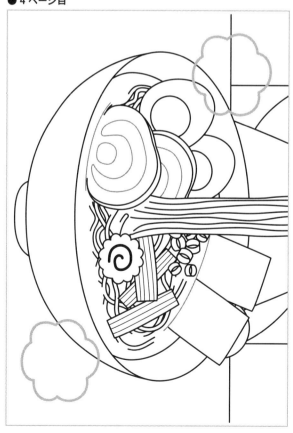

● 3 ページ目（裏）

● 5 ページ目

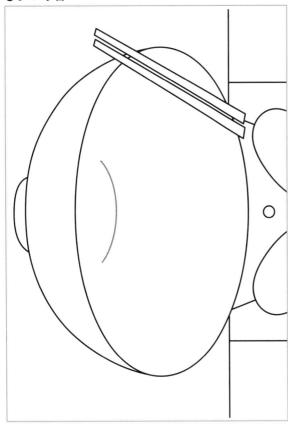

● 4 ページ目（裏）

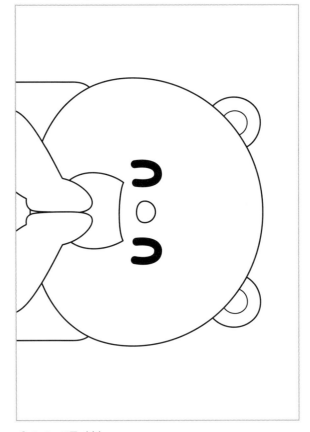

● 6 ページ目

→切り離し線

● 5 ページ目（裏）

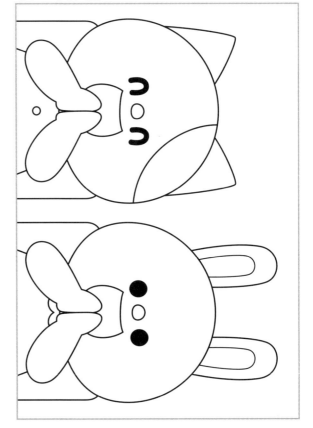

● 7 ページ目

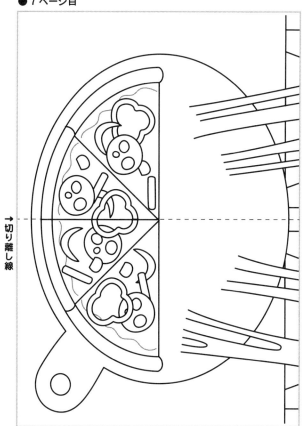

↑切り離し線

● 6 ページ目（裏）

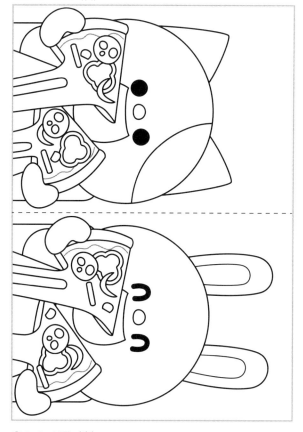

● 8 ページ目

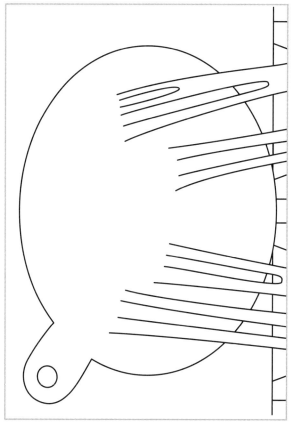

● 7 ページ目（裏）

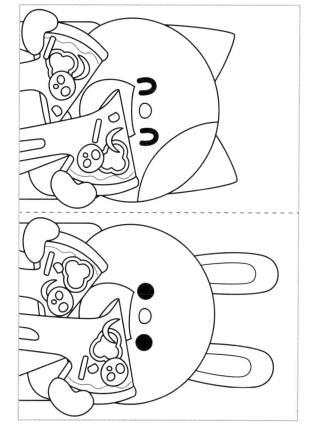

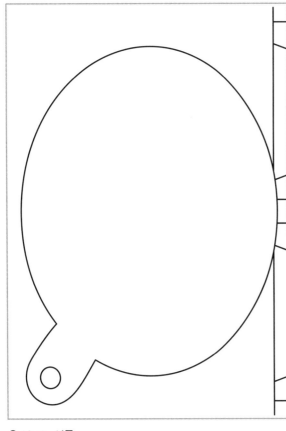

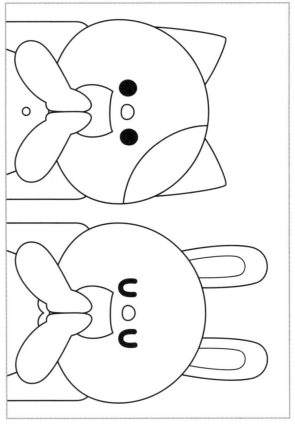

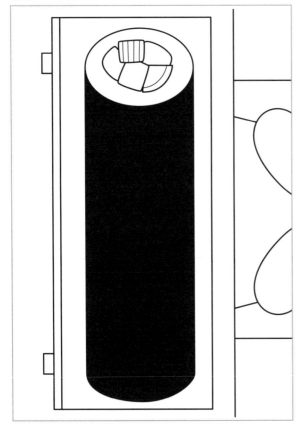

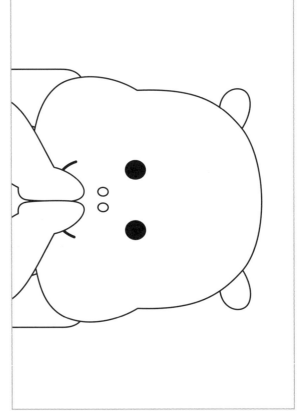

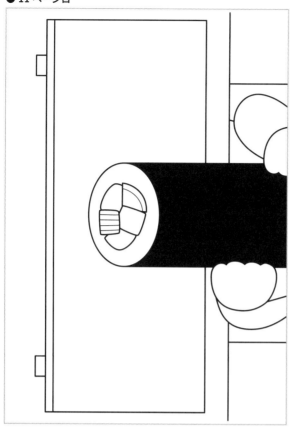

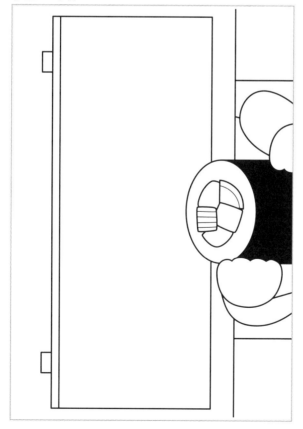

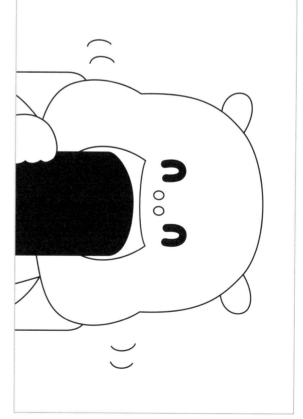

● 13 ページ目

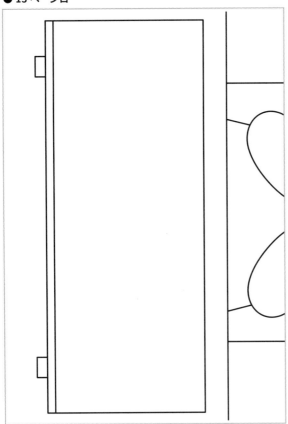

● 12 ページ目（裏）

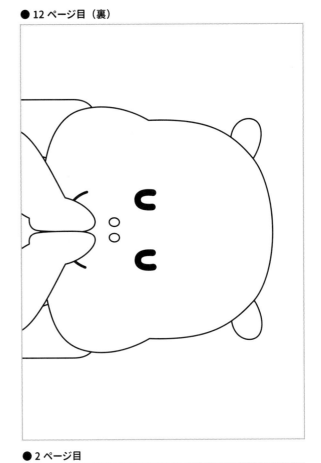

P.36 ▼ P.42

だれのおうちかな?

● 1 ページ目

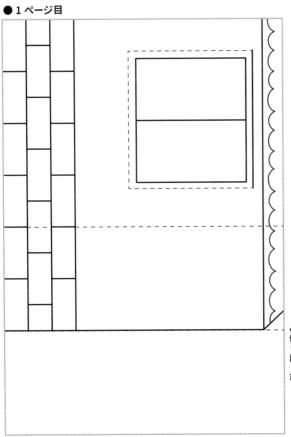

← 切り離し線

● 2 ページ目

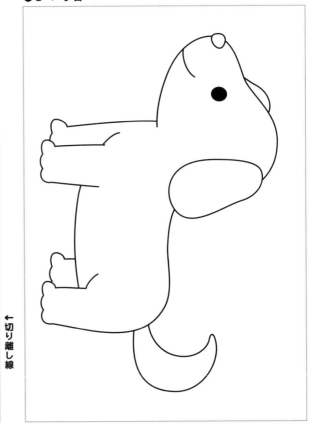

● 3 ページ目

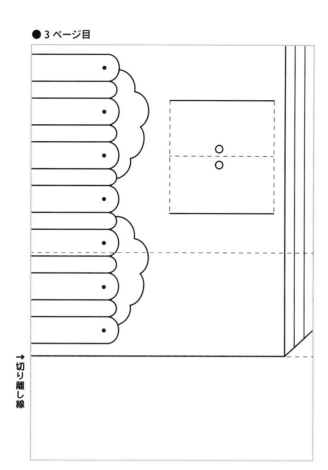

● 4 ページ目

● 5 ページ目

● 6 ページ目

● 7 ページ目

● 8 ページ目

● 9 ページ目

→切り離し線

● 10 ページ目

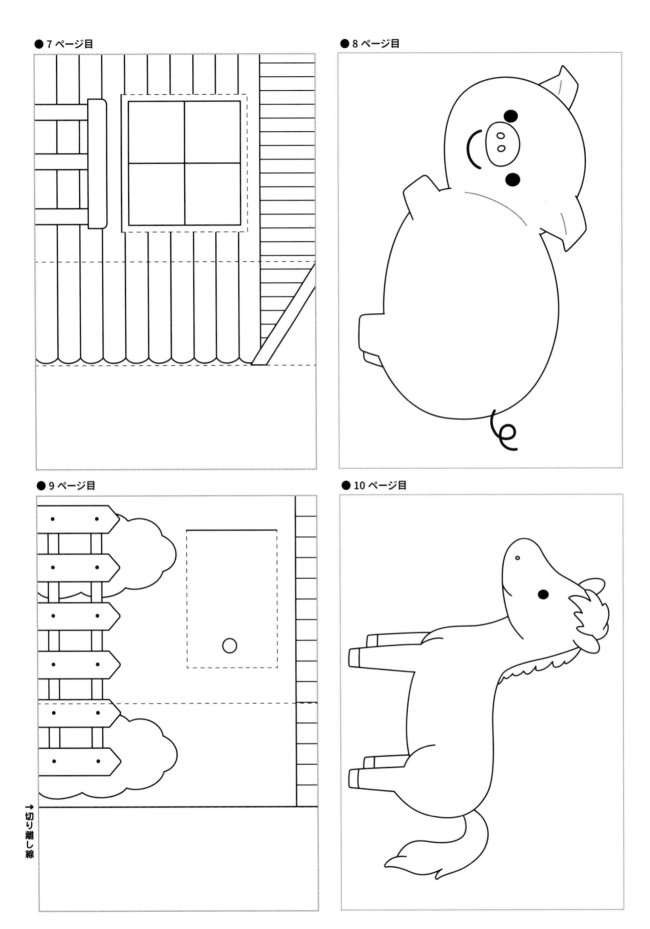

★型紙集　ペープサート

お好みに合わせて拡大し、ご使用ください。まず全体を原寸でコピーし、それから使用するイラストを切り取り、拡大すると、無駄なく使えます。また、イラストには色がついていませんので、拡大したものに色をぬりましょう。

P.44 ▶ P.49 きのこ

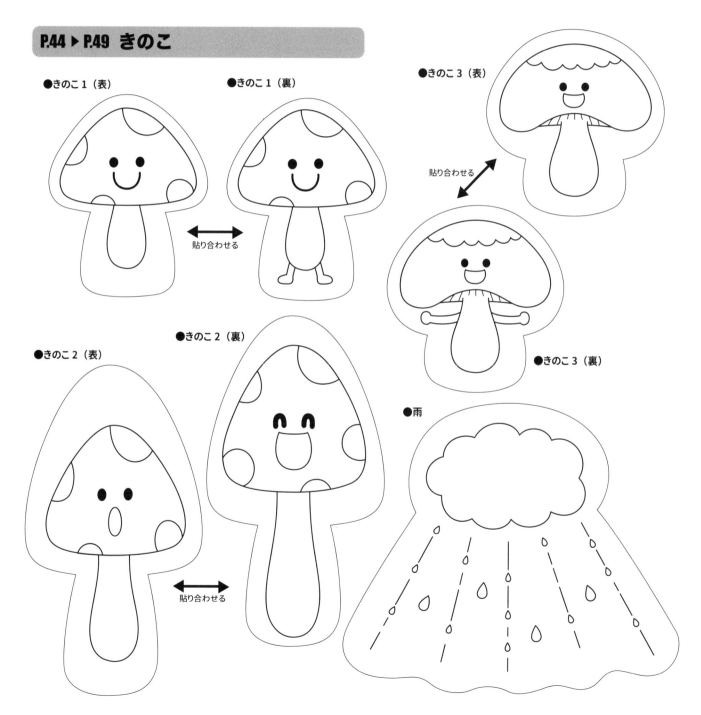

●きのこ1（表）　●きのこ1（裏）　貼り合わせる

●きのこ3（表）　貼り合わせる　●きのこ3（裏）

●きのこ2（表）　●きのこ2（裏）　貼り合わせる

●雨

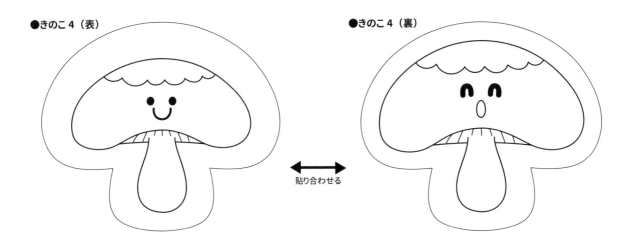

●きのこ4（表）

●きのこ4（裏）

貼り合わせる

P.50 ▶ P.55 こぶとりじいさん

●こぶとりじいさん1（表）

●こぶとりじいさん1（裏）

貼り合わせる

●こぶとりじいさん2（表）

●こぶとりじいさん2（裏）

貼り合わせる

●となりのおじいさん1（表）

●となりのおじいさん1（裏）

●ニワトリ

貼り合わせる

●となりのおじいさん2（表）

●木

●となりのおじいさん2（裏）

貼り合わせる

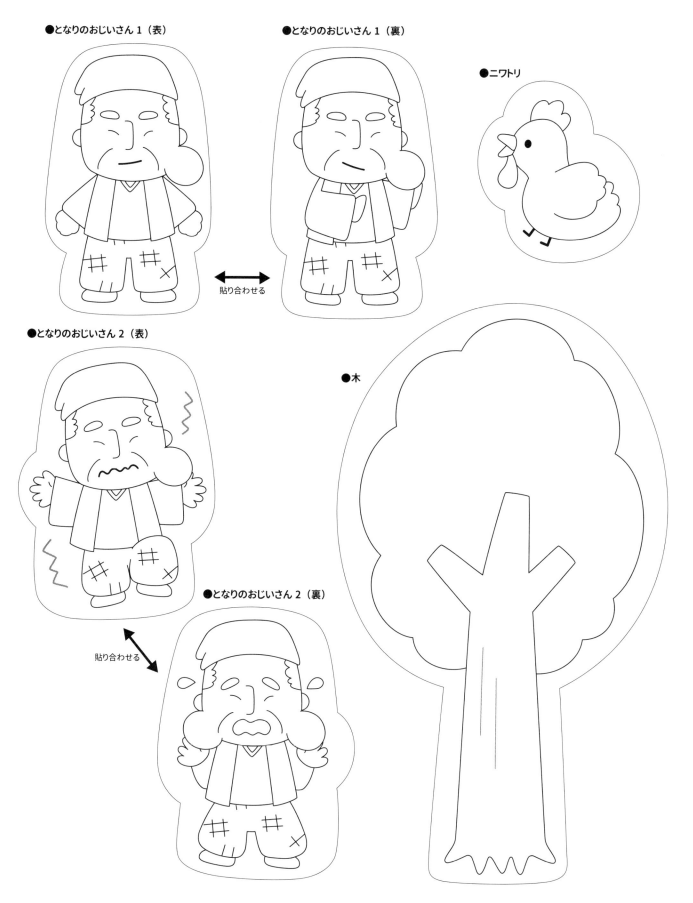

●鬼（表）

●鬼（裏）

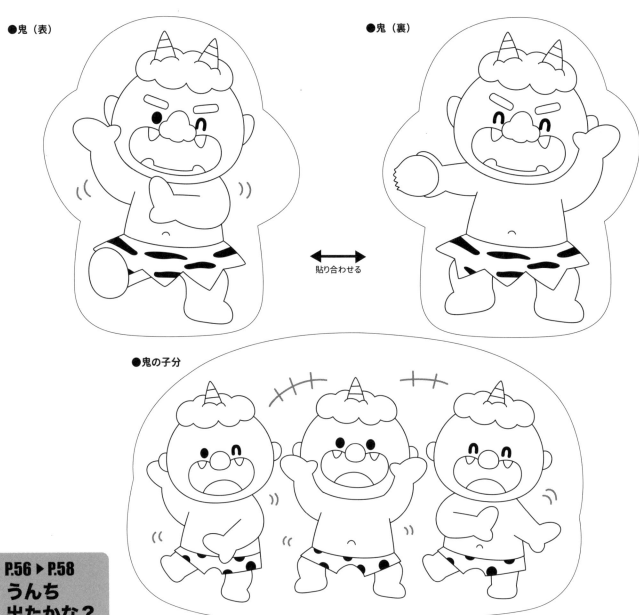

貼り合わせる

●鬼の子分

P.56 ▶ P.58
うんち
出たかな？

●ウサギ（表）

●ウサギ（裏）

※ ----- 谷折り線

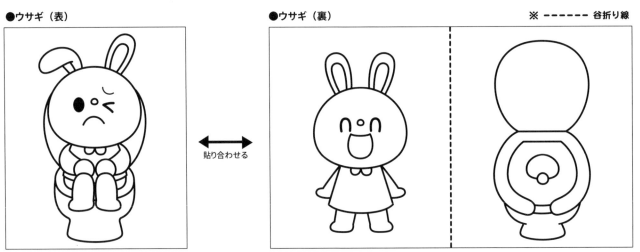

貼り合わせる

●キツネ（表）

貼り合わせる

●キツネ（裏）

●パンダ（表）

貼り合わせる

●パンダ（裏）

●ゾウ（表）

貼り合わせる

●ゾウ（裏）

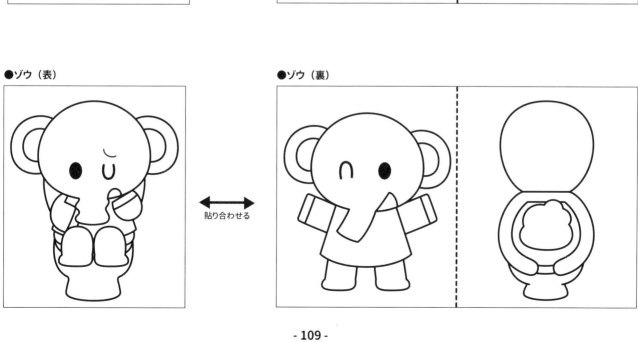

P.59 ▶ P.64 どんな車かな？

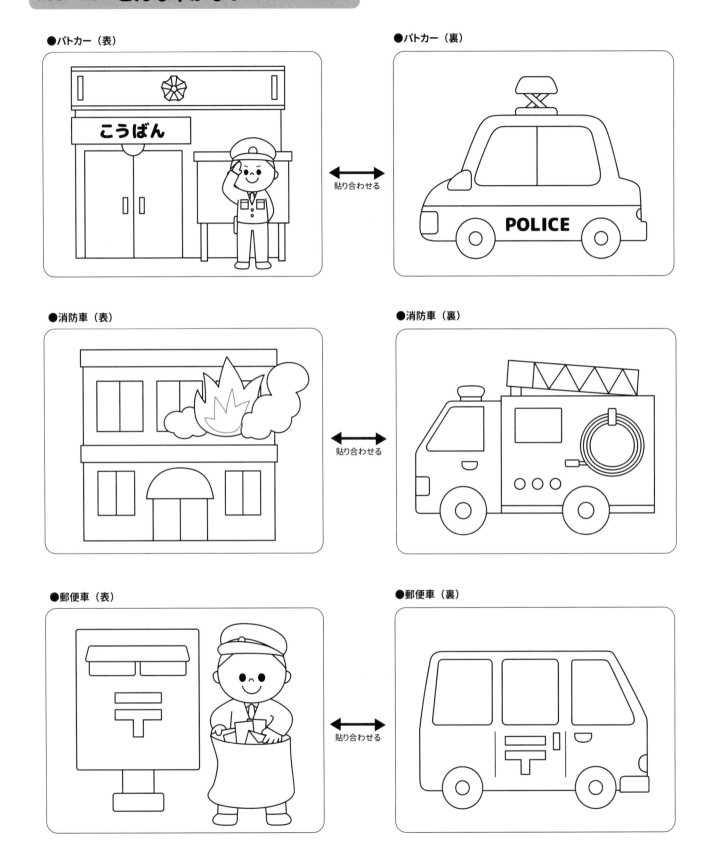

●パトカー（表）

こうばん

貼り合わせる

●パトカー（裏）

POLICE

●消防車（表）

貼り合わせる

●消防車（裏）

●郵便車（表）

貼り合わせる

●郵便車（裏）

●救急車（表）

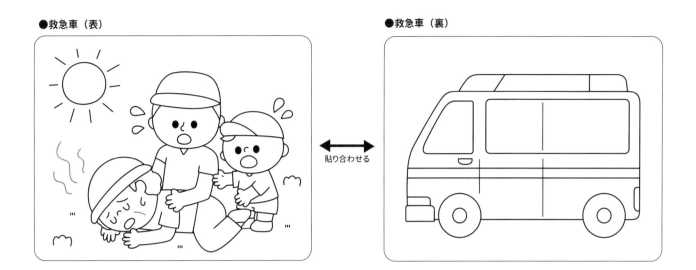

●救急車（裏）

貼り合わせる

●ごみ収集車（表）

ごみおきば

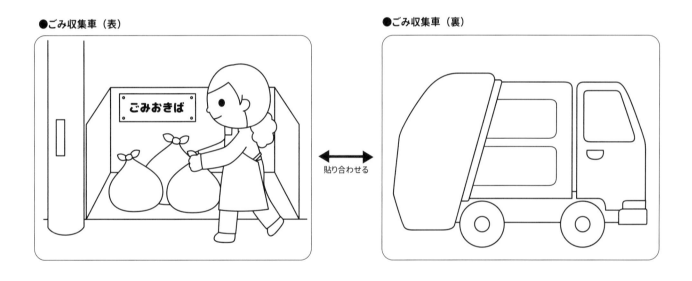

●ごみ収集車（裏）

貼り合わせる

●タンクローリー（表）

GS

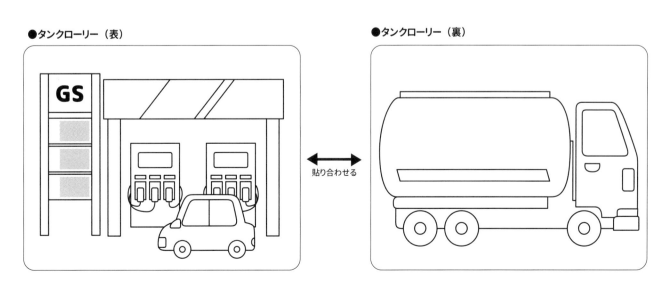

●タンクローリー（裏）

貼り合わせる

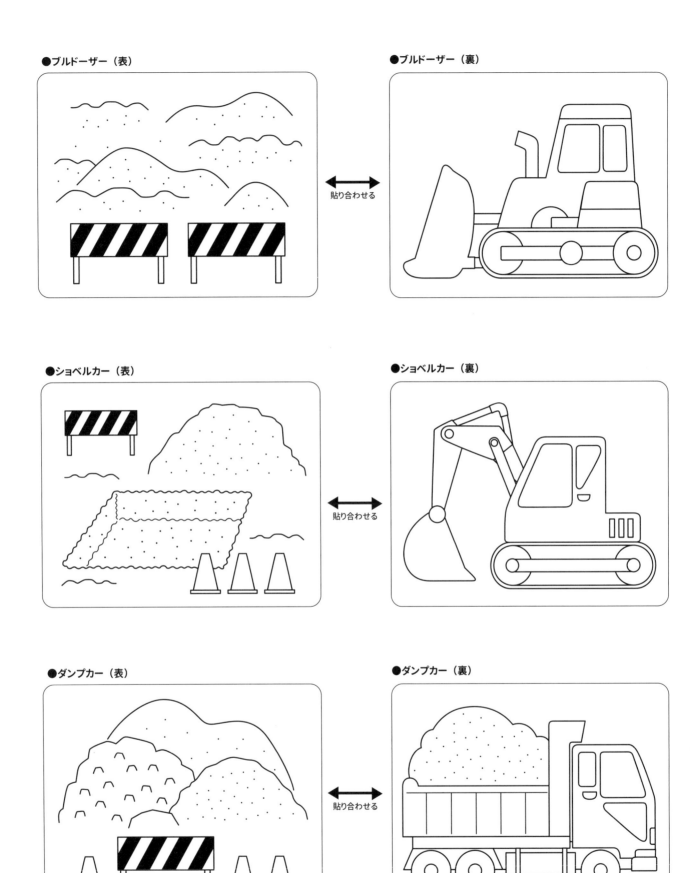

●ブルドーザー（表）　　　　　　　　●ブルドーザー（裏）

貼り合わせる

●ショベルカー（表）　　　　　　　　●ショベルカー（裏）

貼り合わせる

●ダンプカー（表）　　　　　　　　　●ダンプカー（裏）

貼り合わせる

★型紙集　パネルシアター

お好みに合わせて拡大し、ご使用ください。まず全体を原寸でコピーし、それから使用するイラストを切り取り、拡大すると無駄なく使えます。

また、イラストには色がついていませんので、拡大したものに色をぬりましょう。

なお、編集の都合上、イラストの向きが違うものがございます。ご了承ください。

P.67 ▶ P.73　ぼくのミックスジュース

●おおごえ

●こわいゆめ

●おひさま

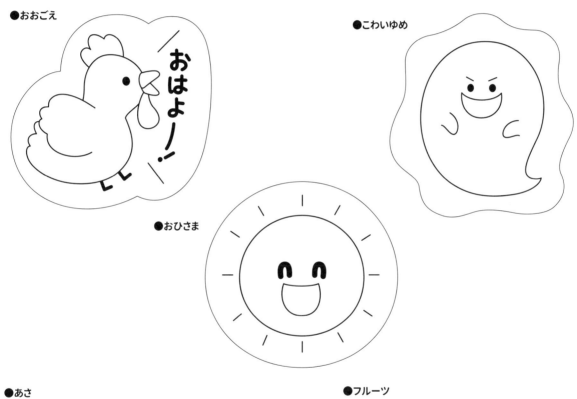

●あさ

●フルーツ

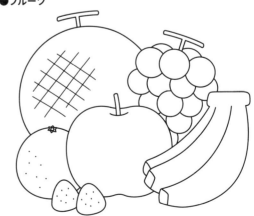

●ミキサー

●いいこと

●のみほす

●うたごえ

●おおぞら

●べそっかき

●ひる

●いいちょうし

●おはなし

あのね
・・・

●すりきず

●おふろ

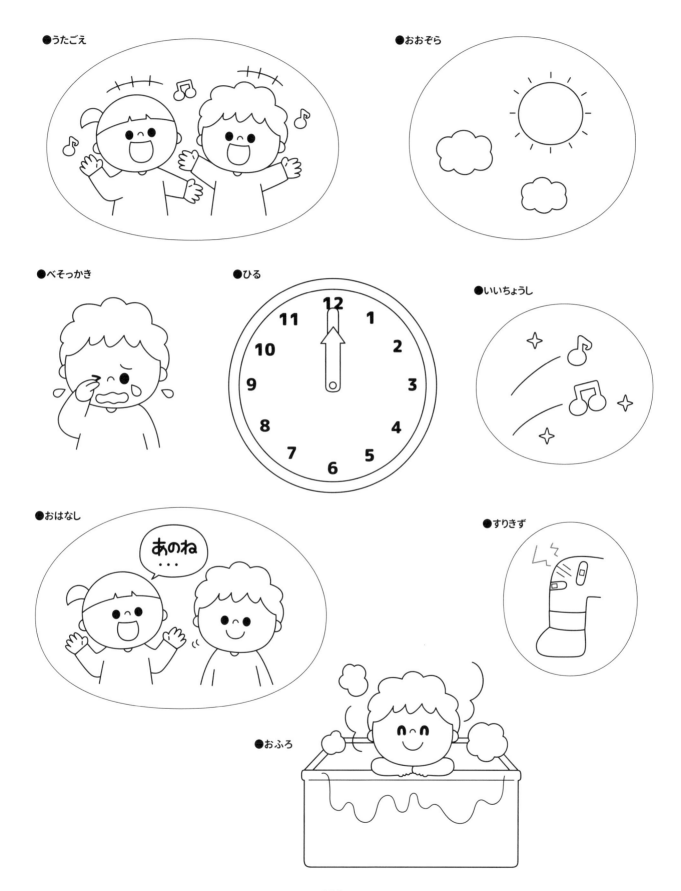

●よる

●ゆめのなか

P.74 ▶ P.78　一寸法師

●一寸法師 1（表）　　　●一寸法師 1（裏）

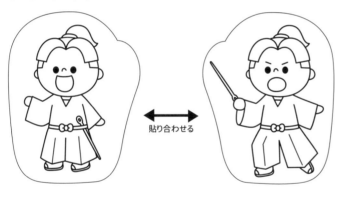

貼り合わせる

●はし

●お椀

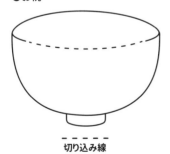

- - - - -
切り込み線

●お椀のポケット

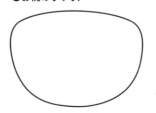

●お屋敷の窓

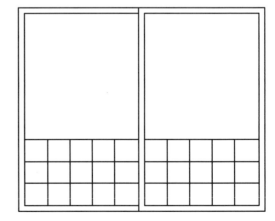

●一寸法師 2　　　●お殿様　　　●川

●木

●お屋敷の門

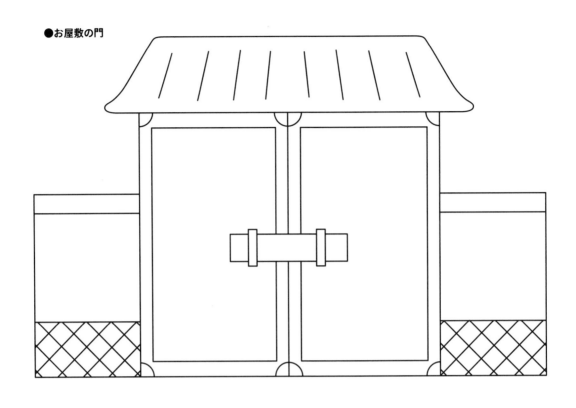

●お姫様（表）　　　　　　　　　　　　　　　　　●お姫様（裏）

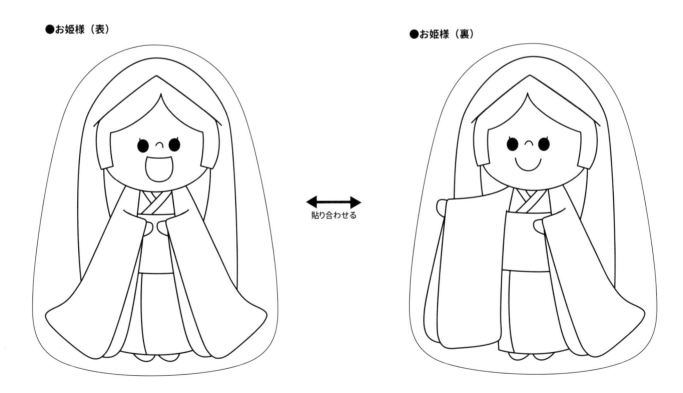

貼り合わせる

●鬼（表）

●鬼（裏）

貼り合わせる

●打ち出の小槌

P.79 ▶ P.83 おかたづけできるかな？

●おもちゃ箱

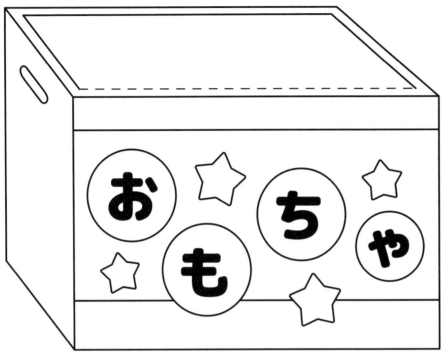

切り込み線

●絵本 1

えほん

●絵本 2

おはなし

●おもちゃ箱のポケット

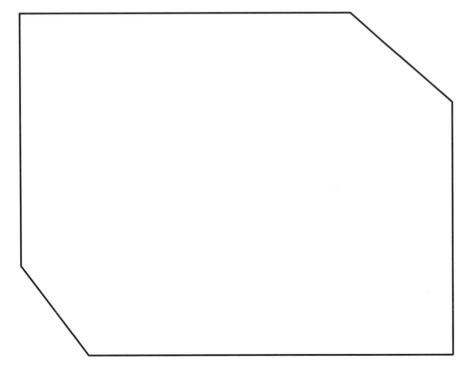

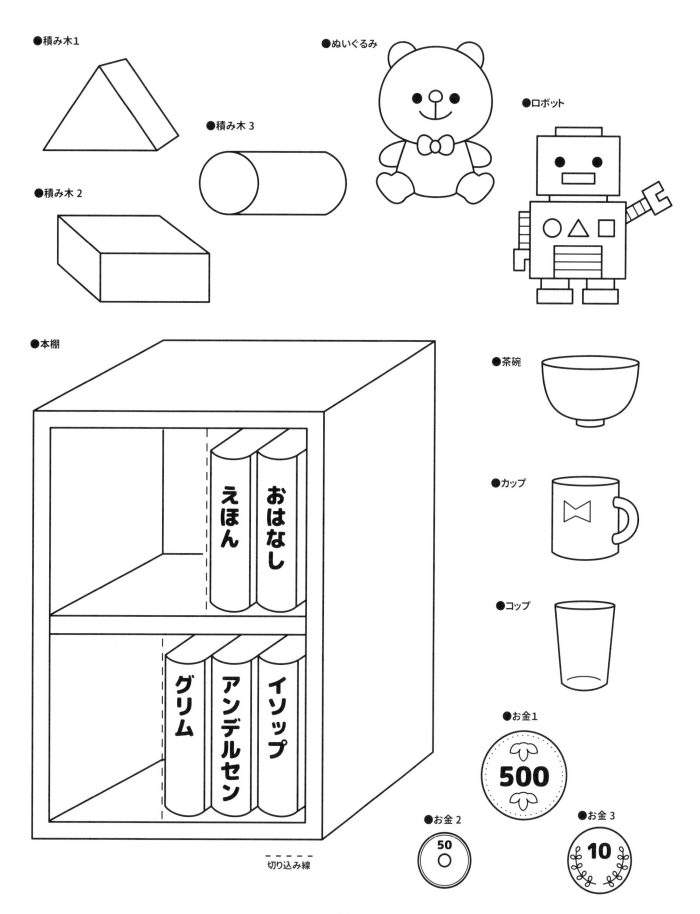

●積み木1

●積み木 3

●ぬいぐるみ

●ロボット

●積み木 2

●本棚

●茶碗

●カップ

●コップ

おはなし

えほん

グリム

アンデルセン

イソップ

切り込み線

●お金1

500

●お金 2

50

●お金 3

10

●財布（表）

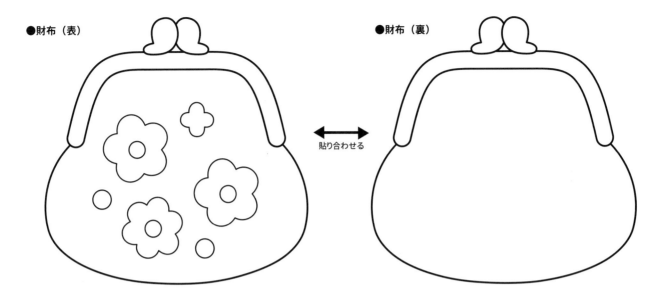

貼り合わせる

●財布（裏）

●食器棚

切り込み線

●スプーン

●フォーク

●洋服1

●洋服2

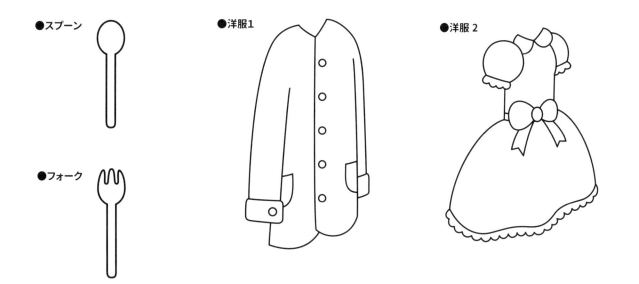

●洋服ダンス

●ニワトリ

●魔法の布

●アヒル

●イヌ

●ライオン

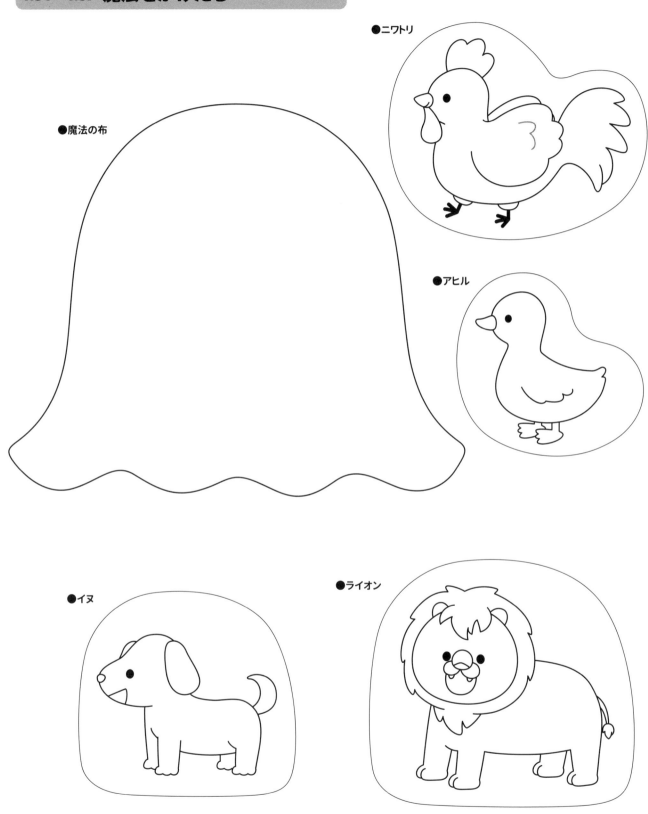

●クマ

●ゾウ

●ゴリラ

●かいじゅう

●男の子

●おばけ

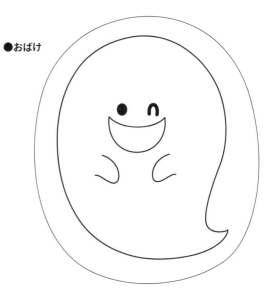

●ステージ

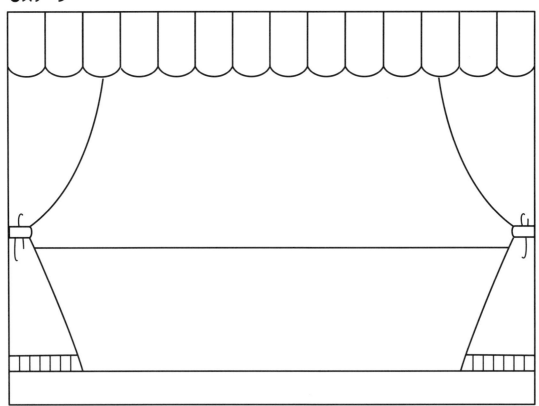

スケッチブックの汎用性

　公園や景色のいい場所に行くと、スケッチブックを使ってスケッチをしている人を見かけることがありますね。風景や人物をスケッチされる方の多くは、便利な画材のひとつとして、スケッチブックを活用されているのではないでしょうか。

　渦巻き状の金具で綴じられ、他のページが邪魔にならないように、ページを完全に折り返して絵を描けるように作られているのがスケッチブックの最大の特長です。大きさも大小多様なものがあり、手軽に持ち運べるために、その使い勝手のよさから、近年ではスケッチのためだけではなく、さまざまな場面で使われています。たとえば、お子さんがお絵描きに使ったり、企業のプレゼンテーションやレイアウト作成などの作業に使われたり、パティシエやデザイナーが図案やデザイン案を描いたり、音楽家が演奏をする際に、楽譜を貼って見開き（左右の両ページを開くこと）で大きく使用したり、テレビ業界ではADが出演者に向けてサインや台詞などを伝えるカンペ（カンニングペーパー）として使ったり・・・。それだけスケッチブックは汎用性が高いといえます。

　本書では、くるっとめくれるスケッチブックの特性を生かして、ページの一部だけをめくって意外性やおもしろさを演出したり、次のページをめくったり戻したりすることで動きを出しています。それらは、スケッチブックならではのシアターあそびの魅力です。また、バラバラにならないので保管しやすく取り出しやすいために、利便性が高く、一度作れば長年くりかえし使えるのも特長のひとつです。そういった意味で、スケッチブックはこれからますます保育現場でも活躍しそうですね。

株式会社 **自由現代社** JIYU-GENDAISHA CO.,LTD.

シアターあそび関連書

かわいい!たのしい! スケッチブックでシアターあそび

井上明美:編著 / イシグロフミカ:イラスト

AB 判 /128 ページ / 定価 1,650 円 (本体 1,500 円 + 税)　ISBN:978-4-7982-2381-0

めくったり、裏面を見せたり、ページの一部を少しずつ見せたり、穴からのぞかせたりなど、スケッチブックの特長を存分に活かしたシアターあそびが満載。型紙を拡大コピー&色づけして貼るだけなので、保育士さんの準備がラクラク。歌、名作、生活、クイズと 4 カテゴリーのあそびが、かわいいイラストで掲載。すぐ使える型紙付き。

かわいく たのしい ペープサート

井上明美:編著 / イシグロフミカ:イラスト

AB 判 /112 ページ / 定価 1,650 円 (本体 1,500 円 + 税) ISBN978-4-7982-1945-5

すぐやりたくなる、かわいいイラストがぎっしり!「歌って楽しむ」、「名作を楽しむ」、「生活を楽しむ」の 3 カテゴリーにて掲載。オモシロしかけ、スムーズな進行方法、やさしい楽譜などナットクの内容。子どもと一緒に作ったり、あそんだりする発展的なあそびかたも掲載。すぐ使える型紙付き。

【掲載内容】犬のおまわりさん／こぶたぬきつねこ／ブレーメンの音楽隊／元気にごあいさつ…など。

かわいく たのしい ペープサート 2

井上明美:編著 / イシグロフミカ:イラスト

AB 判 /112 ページ / 定価 1,650 円 (本体 1,500 円 + 税) ISBN978-4-7982-2091-8

「かわいくたのしいペープサート」が全編新ネタで第二弾。前作同様かわいいイラストで、ちょっとしたしかけを施したあそびなどもあり、充実の内容です。「歌って楽しむ」、「名作を楽しむ」、「生活を楽しむ」の3カテゴリーにて掲載。すぐ使える型紙付き。

【掲載内容】どんぐりころころ／すうじのうた／はだかの王様／プレゼントなあに?…など。

しかけがいっぱい! かわいくたのしい パネルシアター

井上明美:編著 / イシグロフミカ:イラスト

AB 判 /112 ページ / 定価 1,650 円 （本体 1,500 円 + 税) ISBN978-4-7982-2013-0

絵人形を動かすのはもちろんのこと、本書ではその絵人形に様々なしかけを施し、子どもたちの目を引きつけること、間違いなしの内容です。かわいいイラストで、今すぐに始めたくなる内容満載の 1 冊。すぐ使える型紙付き。

【掲載内容】オオカミと7ひきの子やぎ／金のおのと銀のおの／お誕生日おめでとう…など。

かわいい!たのしい! ラクラクできちゃうパネルシアター

井上明美:編著 / イシグロフミカ:イラスト

AB 判／ 112 ページ／定価 1,650 円 (本体 1,500 円 + 税) ISBN978-4-7982-2310-0

かわいいイラストで、たのしいパネルシアターが手軽にできます。簡単なしかけによって、絵人形がユーモラスな動きをしたり、しかけのポケットからさまざまなものが飛び出したり、ポケット部分にいろいろなものがはめ込めたりなど、子どもたちがアッと驚くようなしかけが満載。すぐ使える型紙付き。

●編著者

井上 明美 （いのうえ あけみ）

国立音楽大学教育音楽学科幼児教育専攻卒業。卒業後は、㈱ベネッセコーポレーション勤務。在籍中は、
しまじろうのキャラクターでおなじみの『こどもちゃれんじ』の編集に創刊時より携わり、音楽コーナーを確立
する。退職後は、音楽プロデューサー・編集者として、音楽ビデオ、CD、CDジャケット、書籍、月刊誌、
教材など、さまざまな媒体の企画制作、編集に携わる。2000年に制作会社 アディインターナショナルを設立。
主な業務は、教育・音楽・英語系の企画編集。同社代表取締役。http://www.ady.co.jp
同時に、アディミュージックスクールを主宰する。http://www.ady.co.jp/music-school
著書に、『CD付きですぐ使える 日本の昔ばなしで楽しむ劇あそび特選集』、『かわいい！たのしい！スケッチブッ
クでシアターあそび』『かわいい！たのしい！ラクラクできちゃうパネルシアター』（いずれも自由現代社）、『脳
と心を育む、親子のふれあい音楽あそびシリーズ』＜リズムあそび、音感あそび、声まね・音まねあそび、
楽器づくり、音のゲームあそび＞（ヤマハミュージックエンタテインメント）他、多数。

●情報提供

小林由利子　富澤くるみ　安達直美　海老沢紀子　野村容子　保倉好美

●編集協力

大門久美子（アディインターナショナル）　島川由美

●表紙・本文イラスト

イシグロフミカ

短大の保育科を卒業後、幼稚園の先生として働きながらイラストを描き始め、現在フリーのイ
ラストレーターとして活動中。保育・教育関連の雑誌や書籍などで、明るくかわいいタッチの
イラストを描く。また、子どもが喜ぶ工作も手がける。
著書に、「かわいい保育グッズのつくりかた」（自由現代社）、「かわいい！保育のデコ文字お
たすけブック」「かわいい！保育のイラストおたすけブック」（玄光社）、「かわいいえがすぐに
かけちゃうほん」「1、2、3 ですぐかわイラスト」（学研）、「親子でいっしょに季節の手作りあ
そび」（日東書院）、「親子でつくる プラバン小物」（講談社）などがある。
URL：https://nowanowan.com

かわいい！たのしい！ **まるっとシアターあそび BOOK** _____ 定価（本体 1600 円＋税）

編著者————井上明美（いのうえあけみ）
イラスト————イシグロフミカ
表紙デザイン——オングラフィクス
発行日————2021 年 3 月 30 日
編集人————真崎利夫
発行人————竹村欣治
発売元————株式会社自由現代社
　　　　　　〒171-0033　東京都豊島区高田 3-10-10-5F
　　　　　　TEL03-5291-6221/FAX03-5291-2886
　　　　　　振替口座 00110-5-45925

ホームページ——http://www.j-gendai.co.jp

| JASRAC の
承認に依り
許諾証紙
張付免除 | JASRAC　出 2101663-101
（許諾番号の対象は、当該出版物中、当協会が許諾すること
のできる出版物に限られます。） |

ISBN978-4-7982-2455-8